熊野純彦
Sumihiko Kumano

マルクス
資本論の哲学

岩波新書
1696

まえがき――世界革命と世界革命とのあいだで――

世界革命はこれまで二度おこっている、一度目は一八四八年であり、二回目は一九六八年のことだった、と言われます。I・ウォーラーステインのことばです。ほぼヨーロッパ全土を席捲した四八年革命が、とはいえ世界革命であったかをめぐっては、見かたがわかれるところでしょう。先進諸国で同時多発的に勃発して、この国のキャンパスと街頭もその波に揺れた六八／六九年の学生叛乱を、世界革命と呼ぶことができるのかについても同様です。けれどもそのふたつの変動が、それ以降の世界の枠組みに大きな影響を与えた、それぞれの劃期であったことにかんしては、ほとんどの歴史家が同意するところであると思います。その意味ではやはり、一九世紀の中葉と二〇世紀の後半に、世界革命はたしかに生起しているのです。

一回目の世界革命は、マルクスがじかに経験した革命でした。二度目の世界革命のさなか、マルクスの著作がひろく読まれ、そして奇しくもマルクス生誕二百周年をむかえた本年、この国ではすくなくとも、マルクスのなまえはもしかすると忘れられかけています。

一八四八年、カール・マルクス(Karl Marx 1818-1883)は、三〇歳になろうとする時節に、欧州革命に際会しました。おなじその年マルクスは盟友エンゲルスと協力して『コミュニスト党宣言』を起草し、動乱のさなかベルギーからフランスへと寓居をうつして、翌年にドーバー海峡を渡ります。結局は終焉の地ともなったロンドンで、マルクスは『資本論』(*Das Kapital*)の稿を書きついでゆくことになります。

一九六八年、ひとびとは世界が繫がっていることを感じていました。たとえば、ヴェトナムに撃ちこまれるナパーム弾がこの国の工場でつくられていることを知っていました。インターナショナリズムということばには、プラスマイナスを問わず、いくつかの現実が対応していたわけです。二一世紀にはいり、二〇年ちかくたって、ひとびとはやはり世界のなかで繫がれています。グローバリズムという思想と現実により、好悪のべつなく繫ぎとめられています。

二度目の世界革命の時節にマルクスが読まれたのは、世界が変わりうること、世界は可塑的であることが、なおどこかで信じられていたからかもしれません。変革の季節がすぎ、五〇年が経過してマルクスが読まれなくなったのは、ひとが世界の可変性、その可塑性をもはや信じていないからでしょうか。あるいはただいっときの流行が過ぎ去って、あらたなファッションの波が、極東の島国の岸辺をいくたびも洗っていった結果にすぎないのでしょうか。

現在の世界が完全なもの、「最善の世界」(ライプニッツ)であるとは、おそらくだれも信じていません。この世界が存続するためだけにも、大きな変化が必要とされることを感じはじめているひとびともすくなくないでしょう。思考と文化の次元をふくめた最深層の変容を、かりに革命という名でいまも呼ぶとすれば、三度目の世界革命が準備されてゆくとしても、すこしもふしぎではありません。いっぽうグローバル化した現代世界のなかで、もしも三回目の大きな変動がインターナショナルな規模で生起するとしても、その激動の果てに夢みられるありようは、たとえばかつてこの地上で広範に存在した、社会主義諸国のありかたではないことは確実だと思われます。また、変化をみずから生起させようとするくわだてが、かつての動向を支配していたいくつもの陥穽から、明確にみずからを区別するものとなるだろうことも、疑いないところかと考えています。

そうであるとしても、マルクスの主著が忘れ去られてしまうことは、たいへんに残念なことだと思います。『資本論』は現在のところやはり、この世界の枠組みを規定している資本制をめぐり、すくなくともその基本的なありたちにかんしてもっとも行きとどいた分析を提供し、私たちが現在もなお、どのような世界のなかで生を紡いでいるのかを、その深部から歴史的に理解させてくれる、古典的な遺産のひとつであるからです。

この本はそうした認識にもとづいて書きおろされています。ただ著者であるわたくしの専門が哲学系ですので、ひとことでいうとすれば、本書は、『資本論』のなかで展開された、マルクスの原理的な思考の深度と強度、そのおもしろさに焦点を当てようとするものとなっているはずです。ただたほうマルクスのそもそものモチーフ、資本制が圧しつぶしてゆくちいさな者たちへの視線も、できるだけ汲みあげてゆきたいと思っています。

一冊の新書という容れ物のなかで「資本論の哲学」を問題とするこころみですので、そこには、いくつかの限界があります。ひとつには、『資本論』全体への展望を等分に与えるものとなっていないということです。えらばれた論点には偏りもあり、とくに経済学者たちのあいだで永く争われてきた案件のひとつひとつに、ていねいに立ちいることは断念しました。本書を執筆したわたくしなりのスタンスについては「あとがきにかえて」もご覧ください。

『資本論』からの引用については、（ ）内にKという略号のあとで、巻数（I、II、III）と頁数を示しています。いわゆるディーツ版の頁数ですが、大月書店版の邦訳でも欄外に記載されていますから、対照は容易なはずです。また『資本論』第一巻・初版本からの引用にかんしてはK.Aという略号につづけて、マイスナー原版の頁数をしるすことにしました。なお、引用文中の強調はすべて引用者によるものといたします。

目次

第I章　価値形態論——形而上学とその批判

3点とも『資本論』ドイツ語版初版本．一番右はマルクスの署名入りで，経済学者の櫛田民蔵が購入したものとされる［法政大学大原社会問題研究所所蔵，写真提供＝法政大学］

テクストの「書きはじめかた」について

著作家は一般に書きだしの一文や、最初の一段落、あるいは第一頁目の文章に工夫をこらすものです。本をひらいて最初に読者の眼にはいる内容が、一冊の本の印象を決めてしまうこともあるからです。だから意識的な書き手であればあるほど、著書の冒頭をかざる部分には気を遣っていますし、じっさい古典といわれるテクストの多くには、その劈頭《へきとう》から読者を惹きつける力が感じられます。

とりあえずマルクスとはべつの例を挙げてみましょう。たとえばカントの『純粋理性批判』の頁をあけてみると、つぎのような文章が目に飛びこんできます。「人間の理性には、ある種の認識について奇妙な宿命がある。理性は斥けることのできない問いに悩まされる。問いは、理性自身の本性によって理性に課されているからだ。理性はたほうまたその問いに答えることもかなわない。問いが、人間の理性の有する能力のいっさいを超えているからである」(第一版・序文)。――どうでしょうか。その問いといわれているのが、どのような問いなのか、気になりませんか。具体的にいえば、カントのばあい問いとは、神、自由、たましいの不死性にかかわるもの、抽象的に語るならば、可能な経験を超えたものに関係する問いでした。カントの時代の伝統的な形而上学の問題ですけれども、ここで立ちいることは止めておきます。

いまひとつ、もうすこしマルクスにちかいところからも例示しておきましょう。ヘーゲルの『精神現象学』本論は「感覚的確信」と名づけられた章からはじまりますが、みじかい導入の段落を受けた、その第二段落を引いておきます。「感覚的確信の有する具体的内容からして、当の確信は直接的にもっとも豊かな認識であるかのようにあらわれる。それればかりか、無限に豊かな認識であるかのように現象するのである。この豊かさについては(中略)どのような限界も見いだされないかのように見える。くだんの確信はそのうえもっとも確実であるかのようにあらわれるのだ。感覚的確信は対象からまだなにものも取りさっておらず、むしろ対象をその完全なすがたで全体として目のまえにしているからである。この確信はしかしながらじっさいは、自身がもっとも抽象的で、もっとも貧しい真理にすぎないことを示すことになる」。

いま目のまえに、感覚に対して与えられる認識こそがいちばんたしかで、なにより豊かで、もっとも多くの真理をやどしたものであるかに見える。たとえば窓をあければひろがるケヤキ並木、その一本いっぽんがしめす鮮やかなみどり、それらが見えているということ、これほど確実で、豊饒で、疑いえないことがらはほかにないように思える。でも、そうではないのだ、とヘーゲルは言っているわけです。どうしてでしょう。気になってきませんか。この件にかんしても当面は立ちいりませんが、それでも「かのようにあらわれる」「しかしながらじっさいは」という言いかたには、ここでちょっと注意しておいて頂きたいと思います。

すこし遠まわりしてしまったようです。とはいえ、この寄り道が必要なものだったことは、やがておわかり頂けることになると思います。

マルクスは『資本論』をどのように書きはじめたか

ともあれマルクスも、著作の冒頭部分に神経をつかう著作家でした。あるいはマルクスこそとりわけてそうだったと言っておいてもよいでしょう。

現行の『資本論』——現行のというのは、マルクスは『資本論』第一巻・第二版を出版するにさいしていくらか訂正の手をくわえていて、現在ふつうに読まれるのはその再版本であり、そのうえ『資本論』の第二巻、第三巻はマルクスの死後、盟友のエンゲルスが整理・編集した遺稿が標準的な刊本として出まわっているからです——本論はつぎのように書きだされます。これについては、やや長い引用を採っておきましょう。

資本制的生産様式が支配している社会の富はひとつの「とほうもない商品のあつまり」

としてあらわれて、個々の商品はその富の原基形態として現象している。私たちの探究はそれゆえ、商品の分析からはじめられるのである。

商品はさしあたり外的対象であって、その属性によってなんらかの種類の人間の欲求を満足させる事物である。この欲求の性質は、それがたとえば胃袋から生じようと空想から生じようと、ことがらをなんら変更するものではない。ここではまた、物件がどのようにして人間の欲求を満足させるのかも問題ではない。つまり直接に生活手段すなわち享受の対象としてであるか、あるいは回り道をたどって生産手段としてであるのかも、問題とはならないのである。（K. I, S. 49）

あらわれ、現象すると訳したのはどちらも erscheinen ということば、ごくふつうのドイツ語の動詞です。細かいことを言うようですが、マルクスが「あらわれる」という語を使って、「である ist」という表現を使用していないしだいに注意してください。資本制の総体を分析しようとするとき商品がそのはじまりとなるわけですが、ひとがふつう商品として理解しているもの、自明なものと考えていることがらには、じつは多くの謎がふくまれている。マルクスとしては、まずその謎を解きあかさなければならないと考えているのです。じっさい『資本論』

にさきだって公刊された『経済学批判』——ちなみに、『資本論』そのものの副題も「経済学批判」です——では「一見したところ」「あらわれる」と書かれていますし、『資本論』第一巻第一篇第一章「商品」でも、その最終節の冒頭で「商品は一見したところ、自明で瑣末なものであるかに見える。商品を分析してみると、それがきわめて奇妙なものであって、形而上学的小理屈や、神学的なつぶやきに満ちたものだということがあきらかになる」と書かれています。

この最後の一件にかんしては、のちに引用とともにもういちど立ちかえってゆくことになるでしょう。ここではもうひとつ、とりあえず逆むきの事項に注意して頂きたいと思います。あらわれと言われるからには、それはなにかのあらわれでなければならない。あるいはべつのなにかがほんとうはある、現象とは区別されて真に存在すると考えられる。プラトンならばあるいはそう答えるかもしれません。あるいはまたカントなら、現象とはなにかのあらわれであるとすると、現象と区別される物自体を拒否することは「平仄が合わない」とも言うことでしょう（『純粋理性批判』第二版・序文）。しかしマルクスが引用中で「あらわれ」「現象する」ということばをつかう含みは、そういうものではありません。あらわれを超えたなにか本質的なことがら、現象に対する本体が考えられているわけではない。じっさいマルクスは、商品の謎を追って、やがてはむしろその「現象形態」にこそ立ちかえってゆくことになります。あとで見てゆくとおり、商品には価値があるとされる、日常的には自明とされることがらをめぐって価値形態論へと立ちいってゆくことになるわけです。

商品の二面性㈠——使用価値としての商品

すこし先ばしりすぎたかもしれません。第二段落を見ておきましょう。マルクスはこう書きついでいきます。「商品はさしあたり外的対象であって、その属性によってなんらかの種類の人間の欲求を満足させる事物である」。商品の有している属性、商品が商品であるかぎりでのその本質的な性質とは、とりあえず「有用性」すなわちなにかの役に立つことです。たとえばパンは胃袋を満たすことで享受の対象となり、K・メンガーのお守りならたぶん空想から生じて、安心するための拠りどころとなります。当面は、ですから「物件がどのようにして人間の欲求を満足させるのか」は問題ではありません。著者のマルクスはここでいわばわざとすこしだけもったいぶり、皮肉な調子で書いている。こういった文体を愉しむこともまた『資本論』を読む快楽のひとつですけれども、ここでは先をいそぎます。後論でも問題となるところとの関連でいえば重要なのはつぎのこと、つまり商品には「生活手段」も「生産手段」もふくまれているという消息ですが、この点も後論のために注意しておくに留めましょう。

事物はその有用性によって「使用価値」となるとマルクスは言います。この有用性は一方では「商品体」の属性に制約されています。鉱石は食品(生活手段)とならず、紙ならハンマー(これはいわゆる生産手段でもあります)になりません。それでは、事物はいつ商品となるのでしょうか。これは、すこし考えておく必要がある問題です。

店先にならんでいる品物は、じつはいまだ商品ではありません。その有用性はなお実現されていないからです。パン屋にとってパンは売るためにあるのであって、食用とする(享受する)ために置いてあるのではありません。パンの有用性は口にされることで現実のものとなって、咀嚼され、飲みこまれることで有用性そのものが消失します。ハンマーならば(ハイデガーが好んだ例でもあります)、手にとり、釘を打ちつけるとき、その使用価値がそのつど発見されると語るべきかもしれません。ただし私が荒物屋で買ったハンマーを振るう場合そのハンマーはもう商品ではなく、じぶんの大工道具のひとつです。——店頭にある品物は、やがて商品になる可能性をもったものです。食卓にならんだパンや道具箱に入れられたハンマーは、かつて商品であったものにほかなりません。そう考えるならば、商品であるという現在はほんとうはどこにも存在せず、商品とふつう呼ばれているものは未来の可能性にあって商品であり、その可能性が実現されたときにはもはや商品ではないことになります。

いつでも可能性においてあるほかはないものとは、運動しているもののことでしょう。アリストテレスがそう定義していたように（『自然学』第三巻第一章）、運動しているものにとって、可能性《デュナミス》でありつづけることだけが、その現実的なありかた《エネルゲイア》です。目標に到達し、あるいは運動が阻まれて静止するなら運動は終了します。商品はそれが売れて、じっさいに使用され、もしくは消費される終点にたどりつけば、なんらかの有用性をもった、しかしただのもの、正確にいえば食料品だったり、道具となったりします。

商品の二面性㈡──交換価値としての商品

商品は、商品となる運動としてだけあり、商品へと生成してゆく途上にのみ存在する。これは、資本制のありかたをとらえ、したがって『資本論』の全体を考えてゆくさいに、おそらくは欠かすことのできない観点です。この件はやがてあきらかとなるでしょう。ここでは、なぜそうなのか、どうして商品は事物としてではなく運動として考察されなければならないのか、べつの視角からもうすこし考えておきます。──先に引いた部分につづけて、一段落はさんで『資本論』はこう書いています。途中を略して引用しておきます。

なんらかの事物の有用性は、その事物を使用価値にする。いっぽうこの有用性は空中に漂っているわけではない。その有用性は商品体のさまざまな属性に条件づけられているので、商品体を欠いては存在しない。だから鉄や小麦やダイアモンド等といった商品体そのものが、使用価値あるいは財なのである。（中略）さまざまな商品の有する使用価値のあれこれは、ひとつの独自なディシプリンである商品学に材料を提供している。使用価値は、ひたすら使用または消費によってだけ現実化する。使用価値は、富の社会的な形態がどのようなものであるかにかかわりなく、富の素材的な内容をかたちづくっている。私たちが考察しようとする社会形態にあって、それは同時に素材的なにない手となるのである——つまり交換価値のにない手となるということだ。　（K. I, S. 50）

ここでマルクスが考察している社会形態とは、いうまでもなく、主として資本制が支配している社会形態のことです。資本制の支配が実現するためには、第一に、商品交換が全面化していなければならない。したがってまず考察される必要があるのは、商品交換という現象であることになります。そのかぎりでは、使用価値としての商品は商品学の素材であって、経済学の対象ではない。とりあえず、マルクスはそう語ります。当面の場面で商品について、その使用価値が問題となるとすれば、それは「交換価値のにない手」として以外にはない。問題は、だからここでは、使用価値が交換価値のにない手となるとは、どのようなことがらなのか、ということになります。ここにまず、商品が商品であることの謎があり、同時にまたその謎を解くためのひとつ目のカギがあるはずです。

「アリストテレスの靴」

論点のありかをはっきりさせるため、古典的な議論にさかのぼっておきましょう。アリストテレスのテクストを、マルクスものちに引くことになります。けれどもここではちがう一節、問題となる場面がより明確ともなる部分を引照しておきたいと思います。

アリストテレスは『政治学』のなかでこんなことを書いています(第一巻第九章)。所有されている事物にはどれも、ふたつの有用性がある。そのふたつは、ともに事物にそくしたものでありながら、その一方は事物に固有の有用性であるけれども、他方はそうではない。「たとえば靴には履くという有用性と、交換物としての有用性がある。両者のどちらにしても靴の有用性である。靴を欲する者に対して、貨幣あるいは食糧と引きかえに靴を与える者も、やはり靴を靴として用いている。とはいえそれは靴に固有の使用法ではない」。このアリストテレスの例示をしばらく手がかりとしてみましょう。

たとえばパンと交換することが「靴に固有の使用法ではない」のは、靴はもともと履くために作られたものであり、食糧や貨幣と交換するために制作されたわけではないからです。ここにはふたつのことがらが絡まっています。第一にそもそも靴がきちんとした靴、履くのに適した物品でないなら、パンと取りかえることもできません。マルクスのことばを使うなら、そのいみで靴の有用性、その使用価値が交換価値のにない手となるわけです。

もう一点はこうなります。ひとが履くためではなく、食べ物と交換するために靴をつくっているとします。そのばあい靴はそもそもその者にとって使用価値をもちません。制作される靴にはなにか、たとえばパンと交換されるというはたらきだけが期待されています。つまり使用価値ではなく交換価値だけを、靴はそのつくり手に対して有しているにすぎない。その場合でももちろん靴はちゃんとした靴でなければ、つまり一定の使用価値をそなえていないならば、交換価値のにない手となることすらできません。ただその使用価値は、生産者にとっての使用価値ではありません。それは「他者に対する使用価値」でなければならない。――このとき靴はたんに生産物であるだけではなく、同時に商品となります。正確にいえば、商品となる運動を開始するはこびとなるでしょう。「商品を生産するためにその者は、たんに使用価値を生産するだけではなく、他者に対する使用価値を、すなわち社会的使用価値を生産しなければならないのだ」。この一文にエンゲルスが補足もしているように、さらに「商品となるために生産物は、それが使用価値として役だつ他者へと交換によって移されなければならない」(K. I, S. 55)わけです。かくて商品はその具体的な使用価値そのままに、ただし他者にとっての使用価値であることで交換価値の素材的なにない手となる。マルクスが考察しようとする社会形態とは、そのような意味での商品交換が全面化した社会のありかたを前提としています。

商品の二面性㈢——交換価値と「価値」

ある商品の交換価値は、さしあたり他の商品との交換比率として、量的なかたちであらわれます。たとえば「一足の靴＝一〇斤のパン」のようにです。むしろ例がちょっと人工的に見えてしまうでしょうか。ここではいったん、マルクスに戻ったほうがいいかもしれません。

交換価値とは、とりあえず「ある一種類の使用価値が他の種類の使用価値と交換される量的関係」としてあらわれる価値のことです。一クォーターの小麦ならば、それは他のさまざまな商品、たとえば靴墨や絹や金等と交換される。そのばあい交換される比率、つまり相手の商品量は、それぞれにことなっている。だから小麦は複数の交換価値を有しているのであり、唯一の交換価値をそなえているのではないことになります。しかし、とマルクスは付けくわえて、こう説いてゆきます。

しかし、x量の靴墨もy量の絹もz量の金そのほかも、一クォーターの小麦の交換価値なのであるから、x量の靴墨やy量の絹やz量の金等は、たがいに置きかえることのできる、または相互にひとしい大きさの交換価値でなければならない。かくて帰結するのは、第一には、同一の商品の妥当な交換価値であるならば、それはひとつのおなじものを表現しているということである。第二にはしかし、交換価値は総じてたんなる表現様式、交換価値とは区別可能な或る内実の「現象形態」でしかありえないということなのである。

(K. I, S. 51)

靴墨も絹も金も、すべて同一量(一クォーター)の小麦とそれぞれにことなった量(x、y、z)で交換され、しかもおのおのの比率は「妥当な」ものである、とします。その場合、そのつどの交換価値が「表現する」のは、おなじものでなければならない。その同一のものとは、一定量の小麦が有する価値そのものであり、一クォーターの小麦がしめすそのときどきの交換価値は、すべてこのおなじもの、すなわち価値の「現象形態 Erscheinungsform」にほかならないことになるわけです。かくして商品はほんとうは、使用価値と交換価値をそなえているのではない。むしろ商品とは使用価値と価値であるしだいとなるはずです。ここにはとはいえ、なお立ちどまって考えておくべきことがらが存在しています。交換とはそもそもなんでしょうか。交換はどうして可能なのでしょうか。そうしたことがらにかんして、これまでの展開ではまだすこしもあきらかとなっていないからです。

交換の不可能性について——ふたたびアリストテレス

もういちど、アリストテレスに立ちかえってみます。ただしこんどは、『資本論』におけるマルクス自身の引用によることにしましょう。ただ、マルクスとはやや引証の重点を変更しておきます(K. I, S. 73f.『ニコマコス倫理学』第五巻第五章参照)。

たとえば「五台の寝台＝一軒の家」(ずいぶんちいさな家のように思えますけど)という交換がなりたっているとするなら、一定量の寝台が特定数の家屋と等値されている。ところでアリストテレスによれば「交換は同等性なしにはありえないが、同等性はまた通約可能性なしにはありえない」。だが寝台と家屋は異質的であって、かくて両者のあいだには同等性は成立せず、同等性がなりたたない以上、双方の置きかえ、すなわち交換は「ほんとうはありえない」。寝台はそのうえで休むためにあります。家屋は風雨をふせぐためにあるのでしょう。前者は木と藁で、後者は石材で造られています。双方のあいだには共通するなにものもありません。同等性はなりたたず、交換はありえないのです。——同等性は、ひとしいもののあいだでしか成立しません。それでは、ひとしいものは置きかえられるでしょうか。たとえば、五台の寝台が五台の寝台と交換されるでしょうか。ほかの事情がひとしければ、この交換には意味がありません。ですから精確にいえば、交換は無意味であるか、不可能なのです。

いわゆる「価値実体」＝「抽象的人間労働」？

マルクスの答えはよく知られているとおりです。寝台を製作する労働は具体的な有用労働、家を建築する労働もそのとおりで、両者のあいだになんの共通点も存在しないかに見えます。双方が共有する性格が、しかしひとつだけある。それはどちらも「人間の脳や筋肉や、神経や手などの生産的支出」(K. I, S. 58)であるということだ。交換価値がそれを表現して、交換価値がその現象形態であるにすぎない商品の価値そのものには、たしかに「使用価値の一原子」すら入りこんでいない。だから各商品からその使用価値を捨象してみよう。それでもなおいわば

〝蒸留〟されて残るものがある。それがつまり抽象的な人間労働であって、これが価値の実体なのである。たしかにいったんマルクスはそう説いてゆくわけです。引用しておきます。

そこで商品体の使用価値を度外視するなら、商品体になお残るものは、ただ労働生産物という属性だけである。しかしながら私たちにとっては、労働生産物も手のなかですがたを変えている。労働生産物の使用価値を捨象すると、それを使用価値としている、物体的な成分や形態もまた捨象することになる。それはもはや机や家や糸や、その他の有用物ではない。労働生産物の感覚的な性状のすべては消しさられている。それはまたもはや指物労働や建築労働や紡績労働や、その他の一定の生産的労働の生産物でもない。労働生産物の有用性とともに労働生産物に表示されている労働の有用な性格も消えさり、したがってまたこれらの労働のさまざまな具体的形態も消失している。それらの労働はもはやたがいに区別されることなく、ことごとく同等の人間労働に、つまり抽象的人間労働に還元されているのである。（K. I, S. 52）

たとえば指物《さしもの》労働、建築労働、紡績労働は具体的で有用な労働です。それらは一方で、机や家屋や綿糸といった使用価値を生みだします。商品の一要因である、それぞれの有用性を産出します。これらの労働は他方で労働一般として「ことごとく同等の人間労働に、つまり抽象的人間労働に還元」されることもできます。後者の側面こそ商品の価値をかたちづくる。抽象的人間労働は、価値を形成する実体であり、その量は労働の継続時間によって測られる。たしかに、マルクスはとりあえずそう書いています。

ヘーゲルも、すでにこう説いていました。「個別者はその個別的な労働にあって、あらかじめ一箇の普遍的な労働を、そう意識することなく遂行している」(『精神現象学』V「理性の確信と真理」)。「抽象的人間労働 abstrakt menschliche Arbeit」という発想そのものには、さしあたり形而上学的なところはないかもしれません。それは、赤や黄や緑や紫を種とする、類としての色一般のようなものと言えるかもしれない。抽象的人間労働は時間によって測定される、その時間が沈殿して、あるいは結晶し、凝固して(K. I, S. 52)、価値の実体となるのだという主張については、どうでしょうか? これは形而上学的に響きませんか? あるいは形而上学そのものであると思われませんか?

「凝固したもの」というのは、Gallerte ということばです。ゼリーのように固まったもの、ということです。時間とゼリーとはちがいます。ゼリーならば固まるでしょうけれども、投入された時間が生産物に流入し、そこで滞留して、やがては物化し、固体となって商品の一要因となる、その価値を実体として形成するというなら、それは形而上学《メタフィジックス》以外のなにものでもありません。そんな過程は自然過程《フィジックス》を遥かに超えているからです。あるいは形而上学ですらありえません。幽霊の存在を信じる、ただの迷信であると言うべきでしょう。こちらもよく知られているとおり――しかしなぜかしばしば忘れ去られているように――マルクスそのひとが、価値とは「幽霊のような対象性 gespenstige Gegenständlichkeit」(*ibid.*)なのだと書きとめています。そう書きこまれた文脈はしかも、抽象的人間労働の結晶物として商品が価値となると説かれている、そのおなじ論脈なのです。どういうことでしょうか。マルクスはここで言を左右にしているのでしょうか。もしくはただことばを誤用している、あるいはたんに比喩を多用していたにすぎないのでしょうか。もうすこし考えておく必要がありそうです。

価値形態論の課題――交換関係への還帰

商品は、まずは鉄やリンネルや小麦などという「自然形態」をまとって、この世へと生まれでてきます。商品はたほう商品であるかぎりでは、同時に「価値のにない手」でなければなりません。後者が商品の「価値形態」と呼ばれます(K. I, S. 62)。

それでは価値とはなにか。自然形態がそのにない手となる「価値」とは、なんなのでしょうか。鉄やリンネルや小麦なら目に見えるし、手でふれることもできる。自然形態としての商品は感覚の対象となるもの、感覚的な事物です。価値は、けれども目にみえません。手でふれることもできません。どう目を凝らしてみても、リンネルの表面にはそれが他のものと置きかえうること、交換が可能なことなど見えてきませんし、リンネルの価値には手でふれようもありません。リンネルは、目でみても手でさわってもおよそ鉄に似たところがなく、小麦とかようところもないからです。自然形態がどうして同時に価値形態でありうるのか、要するに、リンネルがなぜ商品であるのかは、商品と商品との関係においてとらえるほかはありません。

商品はたしかに「一見したところ、自明で瑣末なものである」かに思えます。商品は、それが使用価値であるかぎり、一方で「さまざまな欲求を満足させるもの」であり、他方で特定の有用な労働が生みだした生産物であって、その間の事情はほぼ自明なところでしょう。材木で机をつくっても、材木がそうであるように、机もまた「ごくふつうの感覚的な事物」にすぎません。ところが机が商品となると、それは価値であると言われます。しかも商品としての机がその自然形態そのままに価値形態を取るというのですから、机はいまでは「感覚的に超感覚的な事物 ein sinnlich übersinnliches Ding」（！）であることになります。すでに言いおよんでおいたように(六頁)、商品はかくして「形而上学的小理屈や、神学的なつぶやきに満ちたもの」となるわけです(K. I, S. 85)。

抽象的人間労働と称される実体を持ちだしたところで、解決にはなりません。目に見えない実体が凝固し、手ではふれられない価値となると説いたところで、ほんとうは小理屈にもなりません。ことがらは、だから、関係のなかで捉えかえされるほかはない。ところが「関係」と言っても、関係もまた目にみえるものではありません。手でふれられるものでもありません。とりあえずごく単純で摑みやすい関係から、一歩ずつすすんでゆくしかないわけです。ここでは、ふたつの商品のあいだの、個別的な交換関係ということになるでしょう。

価値形態と貨幣形態、あるいは「貨幣形態の生成」

問題をもとにもどしましょう。商品は「二重の形態を、すなわち自然形態と価値形態(Wert-form)を所有する」(K. I, S. 62)。これが考察の出発点でした。商品はしかしどのようにしてこの二重の形態を有することができるのか。解かれるべき問題はそう設定されています。この間の消息を解きあかすことが、いわゆる価値形態論の課題となるはずです。

価値形態論を展開するにあたって、マルクスは、あらためて以下のように書いていました。

すでに言及した文言をふくめて、ここで前後をややながく引用しておきましょう。

商品の価値対象性は、マダム・クイックリーとはことなって、どうやって摑まえてよいものやら分からない。商品体にぞくする感覚的に粗雑な対象性とは正反対に、商品の価値対象性には、自然素材の一原子も入りこんでいないはずである。だから個々の商品をどのように捏《こ》ねくりまわしてみても価値物としてはあいかわらず捕まえようがないのである。私たちがしかしながら、さまざまな商品が価値対象性を所有するのは、ただそれらが人間労働というおなじ単位を表現するものであるかぎりにおいてのことであって、したがって商品の価値対象性は純粋に社会的なものであるしだいを想起しておくならば、価値対象性は商品と商品との社会的関係のうちにのみ現象しうるというはこびもおのずと理解されるところである。私たちもじっさいのところ、諸商品の交換価値あるいは交換関係から出発して、そこに隠されている価値を追跡したのであった。私たちはいまやふたたび、価値のこの現象形態へと立ちかえっておかなければならない。（K. I, S. 62）

マルクス自身の説きかたによれば、価値形態論は、そのもっとも単純で目につかないすがたから「光まばゆい貨幣形態」への展開をたどってゆくものです。そうすると、問題はつまり、ひとえに「貨幣形態の生成《ゲネジス》」をたどり、同時に「貨幣の謎」を解きあかすことにあるかに見えます(*ibid.*)。そうでしょうか。あるいはそれだけでしょうか。最初の謎はむしろ商品形態そのものにあります。そのことを忘れないようにしておく必要があるはずです。

第一形態——「単純な価値形態」

価値関係のもっとも単純で目につかないすがたとは、どのようなものでしょうか。マルクスはそれを「単純な、個別的な、または偶然的な価値形態」と呼んでいます。マルクスの挙げる単純で偶然的な価値形態とはつぎのようなものです。マルクスとしては「いっさいの価値形態の秘密はこの単純な価値形態のうちにひそんでいる」と宣言します(K. I, S. 63)。どういうことなのでしょうか。マルクスが挙げている、そのままのかたちをまず引いておきましょう。

x量の商品A＝y量の商品B　またはx量の商品Aはy量の商品Bにあたいする
(二〇エレのリンネル＝一着の上着　または二〇エレのリンネルは一着の上着にあたいする)

マルクスがここで「等号＝」を導入していることは、じつはやや誤解を生みやすい説きかたです。あたいするという表現に、当面の問題のすべてがむしろ懸かっているからです。等号であるならば、どちらから読んでもいいはずです。ここでは、しかし、AがBにあたいする（wert sein）のであり、逆ではありません。関係は逆転できない。だから、リンネルには「相対的価値形態 relative Wertform」というなまえが、上着には「等価形態 Äquivalentform」という名称が、それぞれべつべつに与えられます。両者は一箇の価値表現のなかでたがいに条件づけあっている「不可分な契機」であるいっぽう、とはいえ同時に「たがいに排除しあい、あるいは対立しあう両端すなわち両極」です。リンネルと上着の双方のあいだには、互換的ではない関係、すなわち非対称性が存在するわけです。

しばしば誤解されているところですが、ですからマルクスはこの第一形態で、いわゆる物々交換から出発しているわけではありません。設定されている場面では、リンネルだけがじぶんの価値を表現し、じぶんとはべつの他のもの、つまり上着によってみずからの価値を表現している。リンネル自身はリンネルの価値を表示することができないのです。「リンネルの価値は、ただ相対的に、すなわちべつの商品でだけ」、つまり設例ではひたすら上着によって表現されることができるだけです。

リンネルと上着とは、まったくべつの使用価値を有しています。両者のあいだには自然形態において端的な差異がある。したがって第一に、両者を無条件に等置する等号は無意味です。リンネルは価値としてだけ、等価物としての上着に関係することができる。たほうで上着は、ひとえに価値物としてリンネルと等置される。商品と商品とのあいだの価値関係にあっては、「商品の価値性格は他の一商品に対するそれ自身の関係によってあらわれる」。リンネルが価値であることはただこのような「回り道」を介して表現されるほかはない（*ibid.*, S. 65）。上着は手でつかめるその自然形態のままに価値をあらわしており、リンネルは上着の自然形態のうちでみずからの価値を表現する。このようにして「リンネルはみずからの自然形態とはことなった価値形態を受けとることになる」わけです（S. 66）。

第一形態の謎、第二形態への展開

マルクスは書いています。「かくて価値関係を媒介とすることで、商品Bの自然形態が商品Aの価値形態となる。あるいは、商品Bの身体は商品Aの価値鏡となる」。「商品Aの価値は、このようにして商品Bの使用価値において表現されて、相対的価値の形態を所有するにいたるのである」（K. I, S. 67）。

ここにはなお不透明なことがらがあります。なにか或る商品が等価物となること、あるいは当の商品の自然形態が、他の商品の価値形態であることには、なにかしら謎をふくむところがあります。自然形態が価値形態となること、つまり「使用価値がその反対物である価値の現象形態となる」ことは、一箇の「取りちがえ *Quidproquo*」であるはずである。この取りちがえはしかもひとえに「価値関係」のなかでだけ、すなわち任意の一商品Aが他の商品Bに対して関係する場合にのみ生起します(*ibid.*, S. 70 f.)。あたいすること《ヴェルト・ザイン》、上着がリンネルの価値を表現すること、この価値存在《ヴェルトザイン》の背後には、むしろ関係がある。関係のなかでこそ、価値が生成するわけです。――価値は関係のなかにある。関係のうちにあるのですから、価値それ自体は見えません。リンネルそのものにどれほど目を凝らしてみても、リンネルの価値など見えないのです。逆にまた上着にふれても、叩いても、上着のうちに、価値がそれだけですがたをあらわすことはありません。上着はリンネルにその自然形態(商品体)というからだを乗っ取られ、その「価値鏡」(S. 67)とされることではじめて、等価形態という価値形態に置かれます。それればかりではない。問題となるのは関係だけではありません。ここにはじつは運動もはらまれています。どうしてでしょうか。もういちど最初の場面に立ちかえっておきます。

「二〇エレのリンネルは一着の上着にあたいする」というのが、考察の出発点でした。そこではリンネルはみずからの価値を表現することができず、いわばその価値はリンネルの外部に出ています。ひとつの商品は、そのものとしては、あるいはそのものだけではじぶんの価値を表現できない。ここで価値は外部化する運動を開始しているわけです。価値の表現は、そこで上着のうちへうつされます。移されるという意味でも映されるという意味でも「うつされる」わけです。リンネルから開始された運動は言ってみれば玉突き運動を起こしはじめます。一方では上着だけがリンネルの等価形態となる必然性はどこにもなく、他方では上着もまたじぶんの価値をじぶんでは表現できないのだから、価値の表現をやはりおなじように外部化するほかはないからです。ふたつの商品のあいだで生起していた非対称的な関係において、その重量のいわば偏りが、運動を引きおこす。あるいは関係そのものの偶然的な不安定さ、関係のうちにはらまれる不均衡によって、こうして第一形態は第二形態へと移行してゆきます。

第二形態――「展開された価値形態」

マルクスの挙げる第二形態、すなわち「全体的な、あるいは展開された価値形態」は、つぎのようなものです。ここでもマルクスの例示するとおりのものを引いておきます（K. I, S. 77）。

z量の商品A＝u量の商品B　または＝v量の商品C　または＝w量の商品D　または＝x量の商品E　または＝等々

（二〇エレのリンネル＝一着の上着　または＝一〇ポンドの茶　または＝四〇ポンドのコーヒー　または＝一クォーターの小麦　または＝二オンスの金　または＝一／二トンの鉄　または＝等々）

第一形態から第二形態への展開はそもそも歴史的な順序を追ったものではありません。第一の単純な価値形態は、かえって第二の価値形態の一契機と考えられなければならないのです。商品は「使用価値もしくは使用対象であるとともに「価値」である」。単純な価値形態にあっては使用価値と価値のあいだの「内的な対立」が一箇の「外的な対立」により、つまりふたつの「商品の関係」によって表現されていたわけです。マルクスの当面の説明によれば、そこではただ、相対的価値形態にある商品Aの価値が「それ自身の使用価値」から区別されただけであって、まだ「他のすべての商品との商品Aの質的な同等性と量的な比率」は示されていないことになります。それゆえ「一見しただけで単純な価値形態、つまり一連のメタモルフォーゼをへてはじめて価格形態にまで成熟する、この萌芽形態の不十分さはあきらかである」とマルクスは言います。――単純な価値形態の全体を問題として、マルクスは「商品が孤立して考察される場合には、この形態をけっして所有することがない」とも語っていました(*ibid.*, S. 75 f.)。しかしじっさいは単純な価値形態そのものが、拡大された価値形態の一項であることによってだけ、単純な価値形態となることができるのです。第一形態がいわば孤立して、ひとつの価値形態としてなりたつことはほんとうはありえない。どうしてでしょうか。

差異と反覆——第二形態の特質

ひとつの商品は、第一形態ではひとつの特定の商品との関係のうちにのみ立っていました。この第二形態では、そのおなじ商品が、他のいっさいの商品との関係に置かれています。この第二形態にかんするマルクスの認定を引いておきましょう。

一商品の価値、たとえばリンネルの価値は、いまでは商品世界の無数の他の要素で表現されている。他の商品体はいずれもリンネルの価値鏡となっているのである。かくてこの価値そのものがはじめて真に、区別を欠いた人間労働の凝固物として現象する。というのも、このリンネル価値を形成する労働が、ここでは明示的に、他のどのような人間労働もそれに同等のものとして妥当する労働として呈示されているからである。つまり他のいかなる人間労働も、それがどのような自然形態を有していようと、かくてそれが上着や小麦や鉄や金等のどれに対象化されていようと、すべてこの労働と同等のものとして妥当するとされているのである。（K. I, S. 77）

この第二形態にいたって、リンネルは「商品世界」にぞくする他のいっさいの要素によって表現されるはこびとなります。その要素の数は「無数」であり、いってみれば無限です。無限に存在する商品体すなわち使用価値が、リンネルの価値を映しだす鏡となっている。右の引用中マルクスが「このリンネル価値を形成する労働が、ここでは明示的に、他のどのような人間労働もそれに同等のものとして妥当する労働として呈示されている」と書いているのは、論点を先どりした言いかたです。ここで劃定されうることは、それらの商品はすべて、リンネルのうちにふくまれている価値と「同等のものとして妥当する」という事情までです。問題の中心は、かくていまやリンネルがたとえば上着といった「ただひとつの他の商品種類に対してではなく、商品世界に対して社会的関係に立っている」という消息にあります（*ibid.*）。

ここであらわれている系列は「けっして完結することがない」とマルクスは言います。その等式の列は、あらたな商品の登場によって「いくらでも継続され、引きのばされることができる」からです（*ibid.*, S. 78）。マルクスの発言を文字どおり受けとるならば、未完結であるという事情が、展開された価値形態の本質的欠陥であるかのように見えます。そうでしょうか。ポイントは、リンネルがここでは他のすべての商品と、しかも論理的には同時に関係をとりむすぶことにあります。そのうえリンネルとそれぞれの商品との関係はおのおのが個別的で、そのいみで偶然的なものです。リンネルは他のあらゆる商品とことなり、他の商品のいっさいとの差異においてとらえられ、それぞれの商品との差異がリンネルの価値を表現しています。その差異の関係をリンネルは、じぶん以外のほかの商品のすべてとのあいだで無限に反覆してゆくわけです。第一形態が「個別的な、または偶然的な価値形態」とも呼ばれるのは、じつはその単純な価値形態が、展開された価値形態、第二形態から任意にとり出された一項として、その個別性と偶然性にあらかじめ感染しているからにほかなりません。

第二形態から第三形態へ？

マルクスが第二形態で見すえている中軸的な論点は、系列の未完結性あるいは開放性ということではないのです。無数の商品が、つまり無限な差異が一商品の価値を表現している。第二形態があらわにしているのは、この差異とその反覆にまつわる原初的な偶然性にほかならないのではないでしょうか。

そうであるかぎり第二形態についても、じつは「等号＝」の使用が、問題となることがらの一部を覆いかくします。しかも第一形態の場合とはちがう意味で隠蔽してしまいます。「二〇エレのリンネル＝一着の上着」という非対称的な関係がなりたつのはとりあえず偶然的です。非対称性にはらまれる偏移が「または＝一〇ポンドの茶」という関係へ安定的に移行する保証はなく、無限な関係の全体が同量の重みの偏りを転移しつづける必然性も存在しません。さらに「または＝四〇ポンドのコーヒー　または＝一クォーターの小麦　または＝二オンスの金　または＝一／二トンの鉄　または＝等々」とつぎつぎに平衡的な関係に感染して、静的な均衡が成立してゆくとすれば、それは一箇の奇蹟あるいは手のこんだ手品です。

じっさいは第二形態で表現される等値関係の総体は、それじたい無限の微小な差異をふくんで絡みあっているはずで、「二〇エレのリンネル＝一着の上着」という関係が「または＝等々」までとりあえず辿りついた段階で、最初の等号関係が保存されていると考えることのほうが、むしろ不自然です。つまり簡単にいえば、二〇エレのリンネルが価値として等値されるとき、等置される相手、等価形態に立つ商品の差異をつらぬいて同等の価値が表現されているとする想定のほうが人工的な仮定であるということです。ほんとうは等値関係が反覆されるときに、関係は微小な差異をふくんで反覆されているはずで、しかもその差異をふくんだ反覆がたがいに干渉しあうことで生まれるものは均衡ではなく、かえって不断の揺らぎと運動とをはらんだ動的な不均衡状態となる。ここではつまり、がんらい推移律が成立しません。

それにもかかわらず「二〇エレのリンネル＝一着の上着」からはじまって「または＝一／二トンの鉄　または＝等々」にいたるまでの推移が、しかも論理的推移として一挙に、同時的になりたつかのように見えるのはなぜでしょうか。それはじつは、第二形態のうちに第三形態があらかじめ読みこまれているから――「全体的な、あるいは展開された価値形態」（第二形態）と「一般的価値形態」（第三形態）との関係を考えるとき、後者は前者を反転させたものにすぎないとされるところから――第三形態の導入、すなわち一般的価値形態の成立が、第二形態のうちにはらまれている偶然性と不確定性、運動と揺らぎを覆いかくしてしまうからです。

第三形態（一般的価値形態）と第四形態（貨幣形態）の成立

マルクスの説きかたは、こうです。第二形態は「二〇エレのリンネル＝一着の上着」「二〇エレのリンネル＝一〇ポンドの茶」等々の総和からなるにすぎない。それぞれ「逆関係をとるなら」、「一着の上着＝二〇エレのリンネル」、「一〇ポンドの茶＝二〇エレのリンネル」等々をふくんでいる。こうして第二形態の「逆関係」を表現するならば、つぎの第三形態が与えられることになります(K.I,S.79)。

一着の上着 ＝
一〇ポンドの茶 ＝
四〇ポンドのコーヒー ＝
一クォーターの小麦 ＝
二オンスの金 ＝
一／二トンの鉄 ＝
x量の商品A ＝
等々の商品 ＝
} 二〇エレのリンネル

さまざまな商品がここでは、それぞれの価値をひとつの商品により「単純に」、しかも唯一の商品を単位として「統一的に」表現している(*ibid.*)。こうして諸商品の「価値対象性」が、その「全面的な社会的関係」によってのみ表現されうるはこびとなる。リンネルはしかもこのばあい商品世界から除外されて、「一般的等価物 das allgemeine Äquivalent」という性格を他のすべての商品から押しつけられることになったわけです。いいかえるならば「ひとつの商品、リンネルが他のいっさいの商品との直接的交換可能性の形態、あるいは直接的に社会的な形態に置かれているのは他のあらゆる商品がこの形態を取っていないからであり、またそのかぎりにおいてのことなのである」(S. 81 f.)。そうマルクスは語りだします。

この第三形態における「二〇エレのリンネル」をたとえば「二オンスの金」で置きかえて、「二〇エレのリンネル」そのものを上辺に繰りいれるなら、第四形態が、すなわち「貨幣形態 Geldform」が生まれることでしょう。これは、とりもなおさず、直接的な一般的交換可能性が、金の自然形態に集中して、一般的な等価物の形態を特定の商品、つまり「金」が「歴史的に勝ちとった」ということにほかなりません(S. 83 f.)。

第二形態と第三形態の関係・再考(一)——シベリアの狩猟民族による例解

この展開は、とはいえしょうしょう都合のよすぎる進展ではないでしょうか。すくなくともじゅうぶんに説得的な解きようとは言えないのではないでしょうか。べつのテクストを参照して、ことがらを捉えなおしておきたいと思います。

とり上げておきたいのは、J・モストの『資本と労働』(邦訳『資本論入門』)という著作です。モストの書は資本論入門として書かれたものですけれども、とくにその「商品と貨幣」の部分はマルクスがほとんどぜんぶ書きかえています。当該箇所でマルクスは、シベリアの狩猟民族という事例を挙げて、価値形態論を例解していました。『資本論』では第二形態にあたる場面を問題としておきましょう。

シベリアの狩猟民族がたとえばヨーロッパからの外来者と接触したとき「かれらが提供するのは、交換向けのほとんど唯一の財貨、すなわち毛皮」です。ナイフ、武器、ブランデー、塩等といった、外来者の提供するすべての商品が、狩猟民族にとって「自身の財貨のさまざまな等価物」として役だっています。逆に毛皮は、多くの等価物によってその価値を測られるものとして意識されるにいたるわけです。それと同時に外来者がもたらす多様な財貨が「高い程度で商品という性格」をそなえてくるようになるとマルクスは認定します。まさに『資本論』の「交換過程」論で説かれているとおり、「商品交換は共同体の果てるところで、共同体が外部の共同体、または外部の共同体の成員と接触する地点で開始される」わけです。しかも「事物がひとたび対外的な共同生活で商品となるならば、それは反作用的に内部的共同生活でも商品となる」(K. I, S. 102)。――ここで第二形態すなわち拡大された価値形態を、目下の事例にそくして、しかも『資本論』本文とはすこしことなるかたちで示しなおしておくことにしましょう。それは、たとえばつぎのようになるはずです。

毛皮一枚 ＝ナイフv量
　　　　 ＝ライフルw量
　　　　 ＝ブランデーx量
　　　　 ＝塩y量
　　　　 ＝或る商品z量

第二形態と第三形態の関係・再考(二)――「逆転の論理」の実際

第二形態をこの場面で設定するならば、いわゆる「逆転」の問題もまた自然なかたちで解決されます。この第二形態は狩猟民族の側から見られたことがらの全体を示しています。『資本と労働』のマルクスが、さきほど引いた一文の直後に書いているとおり、「こんどはこの取引を、外部の商品所持者の側から観察してみる」。かれらはシベリアの狩人に対して、じぶんの財貨を毛皮で表現しなければなりません。こうして「毛皮が一般的等価物となる」。つまり、第二形態は第三形態へと逆転するわけです。他の共同体との接触との境界面で、まずは外部の共同体の成員にとって一般的な等価物となった商品は、やがて原生的な共同体の内部でも「反作用的」に、あるいは「逆関係」をたどり一般的等価物となるでしょう。一方で共同体の外部の者は毛皮によってみずからの商品の価値を表現しなければならず、他方で共同体の内部の者もその外生的商品を毛皮との交換をつうじて入手しなければならないとすれば、一般的等価物つまり毛皮はすでに原型的貨幣として機能することとなるはずです。すなわち第四形態、貨幣形態が成立してゆくということです。さきほどは省略した第四形態を、この場面で示しておきましょう。

ナイフv量 ＝
ライフルw量 ＝
ブランデーx量 ＝ 毛皮一枚
塩y量 ＝
或る商品z量 ＝

ここで示されるのはまた、第三形態と第四形態のあいだの本質的な同等性にほかなりません。逆にいえば『資本論』で説かれる貨幣形態、つまり一般的等価物の形態を「金」が「歴史的に勝ちとった」経緯それ自体の歴史的偶然性にほかならないわけです。

価値形態論の読みかたについて

以上で私たちは、途中『資本と労働』に見られる例解にも立ちよりながら、有名な価値形態論のだいたいを、とはいえマルクス自身の説きようとはときおり距離を取りながら辿ってきたことになります。その結果いったいなにがあきらかになったことになるでしょうか。

ひとつは、マルクスがあたかも純粋に論理的な操作を繰りかえすかのような身ぶりをかさねつつ第一形態から第四形態へと展開してみせた価値形態は、じつは逆向きにも読まれなければならないということです。私たちの目のまえに現にひろがっているのは第四形態の果て、貨幣形態がすでに完成されたすがたです。しかしこの貨幣形態こそが、商品の謎、つまり価値の謎を蓋い、それを隠してしまう。いっさいの財貨の価値を同時に、横ならびで測定するかに見える一般的価値形態が、始原の価値関係の総体を隠蔽するということです。

繰りかえしておきます。第四形態(貨幣形態)と第三形態(一般的価値形態)のあいだに、本質的な相違はありません。第三形態、すなわち一商品が他のいっさいの商品に対して等価形態にたつ形態が、第二形態、つまり任意のひとつの商品が他のすべての商品からの差異によって、いいかえれば、差異の無限の反覆によってその価値を測られる形態の、動的非均衡状態を被いかくしてゆきます。第一形態はほんとうはこの第二形態の一分肢にすぎず、第二形態がはらむ運動、すなわち価値を外部化する運動とその偶然性とが「二〇エレのリンネルは一着の上着にあたいする」という第一形態の非対称性と、その個別性と偶然性としてあらわれています。

第二に価値形態論は、第一義的には、貨幣の発生《ゲネジス》という問題を歴史的に解こうとするものではありません。マルクスは一方で、第一形態は歴史的にも、散発的で偶然的な商品交換に対応し、他方で第二形態は特定の労働生産物、たとえば家畜が「もはや例外的にではなく、すでに慣習的に、他のさまざまな商品と交換されるようになる」段階でじっさいにあらわれる、とも説いていますし(K. I, S. 80)、「交換過程」論ではまた、遊牧民族が貨幣形態を最初に発展させたのは、かれらの全財産が「可動的で、かくして直接に譲渡可能なかたちを取っている」からであり、遊牧民族自身がたえず他の共同体との「接触《コンタクト》」を余儀なくされていたからであるとも主張します(*ibid.*, S. 103 f.)。貨幣制度一般が、はじめは「べつべつの共同体のあいだでの生産物交換」あるいはその接触面でこそ発展する、というのもマルクスの洞察のひとつです(K. III, S.

329)。しかし価値形態論そのものは貨幣の謎を解くことを目ざしていたものではない。商品の謎、すなわち商品が使用価値であるとともに価値であり、感性的に超感性的な事物である謎を説き、一般的等価物すなわち貨幣がその謎を隠蔽するはこびを解こうとするものでした。

貨幣の起源そのものは、さまざまに説かれることでしょう。貨幣とは、きわめて見やすい呪物《フェティッシュ》でもあるからです。貨幣の成立を存在と所有の分離の瞬間に見とどけることもできるし(ジンメル『貨幣の哲学』)、動産《ペク》から家畜へ、家畜《ペクー》から貨幣《ペクーニア》へという派生関係を押さえることもできるでしょう(バンヴェニスト『インド＝ヨーロッパ諸制度語彙集』)。貨幣蓄蔵を、肛門期への固着と結びつけるのもおもしろい物語です(フロイト『性格と肛門愛』)。マルクスも説くように、貨幣はあるいみで流通過程が分泌する排泄物ですけれども、「糞尿《ドレック》は貨幣ではない」(K. I, 124)にしても、です。ただいずれにせよ、価値形態論の問題はそこにはありません。

「実践理性の優位」――かれらはそれとは知らずに、それをおこなう

第三に価値形態論は、古典派経済学の労働価値説、限定しておけばいわゆる投下労働価値説(商品の価値は投下された労働量によって規定されるとする考えかた)を前提とするものではありません。それはかえって、古典的経済学が想定する労働一般(抽象的人間労働)が一箇の形而上学に

ほかならないしだいを批判しようとするものです。

そもそも商品は「みずからを価値として実現しうるまえに、じぶんを使用価値として実証しなければならない」。たとえば毛皮が、共同体の外部から来訪した者たちにとって有用であるかどうか、動物をとらえて、毛皮を製作した「有用労働」が「他者たちにとって有用なかたちで支出されている」かどうか、「証明することのできるのは交換だけ」です(K. I, S. 100 f.)。ゲーテとともにマルクスも語っているように「はじめに業ありき Im Anfang war die Tat」。交換にさいしてはとうぜん「じぶんの生産物と引きかえに、どれだけの他者の生産物が得られるのか、つまり生産物がどのような比率で交換されるかという問題」が関心の的となることでしょう(*ibid.*, S. 89)。それでは交換する者たちは、じぶんたちの労働生産物がひとしく人間労働の産物であることをみとめて、生産物を生みだすために支出された労働時間を(スミスの「一匹のビーバー」と「二頭のシカ」の流儀で)計算し、交換の比率を決定するのでしょうか。そのようなことはありえません。ことがらはむしろ逆なのです。

人間がじぶんの労働生産物をたがいに価値として関係させるのは、これらのものがかれらにとって一様な人間労働のたんに事象的外皮とみとめられるからではない。逆である。

かれらはじぶんたちの異種のさまざまな生産物を、たがいに交換において価値として等置することによって、かれらの種々ことなった労働を、たがいに人間労働として等置するのである。かれらはそれとは知らずに、それをおこなう。だから価値のひたいに、価値とはなんであるかが書きこまれているわけではない。価値はむしろ、それぞれの労働生産物を一箇の社会的な象形文字とするのである。(S. 88)

交換によって等置されるいわば構造的効果が「人間労働として」の等置なのです。しかも、「かれらはそれとは知らずに、それをおこなう Sie wissen das nicht, aber sie tun es」。「私的労働のさまざま」が、交換によって実現される諸関係によって「はじめてじっさいに社会的総労働の諸環として実証される」(S. 87)。商品がフェティッシュであるというとき、その「謎のような性格」が生まれるのは「あきらかに〔商品という〕この形態そのものから」です。交換により等置される「人間自身の労働の社会的性格」が、「労働生産物そのものの対象的性格」に置きかえ(*Quidproquo*)られる。かくて「感覚的に超感覚的な事物」、つまり価値をもつ商品という倒錯が誕生します(S. 86)。マルクスが商品論の末尾の一節、「商品のフェティッシュ的性格とその秘密」で説いているとおりです。

「かれらはそれとは知らずに、それをおこなう」という一文をカントとちがう意味で「実践理性の優位」を確立するものと見ることもできるかもしれません。人間は知るまえにおこなう消息を一節は強調するものだからです。マルクスの洞察はまた、意識にはその裏面が存在し、意識を超えた次元が存在すること、ひとことでいえば存在は意識よりもひろく、深いしだいを主張するものと見なすこともできます。エンゲルスの主導のもとに書かれた『ドイツ・イデオロギー』の一節を借りれば「関係が現実に存在する場合、関係は私に対して存在する」わけですけれども、関係そのものは私の意識を超えてひろがっています。

マルクスが『資本論』に先だって『経済学批判』という一書を公刊していることについてはすでにふれました。その「序文」はつうじょう「唯物史観の定式」と呼ばれる一節をふくんでいます。「人間の意識がその存在を規定するのではない。逆にその社会的な存在が意識を規定する」という一文は右のような文脈でも理解されなければならない。存在とは、個人については意識の背後にひろがる無意識の水準を抜くものですが、資本制にかんしていえば、にわかに見とおしえないその構造を指示します。つまり『資本論』全体の課題を暗示しているのです。

第Ⅱ章　貨幣と資本——均質空間と剰余の発生

『資本論』ドイツ語版初版本の表紙．「わが友ドクター・クーゲルマンへ　ハノーファー 1869 年 9 月 17 日　カール・マルクス」と献辞がある［法政大学大原社会問題研究所所蔵，写真提供・上＝同研究所，下＝法政大学］

商品と貨幣のフェティシズムについて

ヘーゲルは『歴史哲学講義』のなかでアフリカの諸民族に言及しながら、フェティッシュとは「木であれ石であれ木像であれ」手あたりしだいに精霊とみなされてしまう対象である、と語っていました。ただしそうであるなら、ヘーゲル自身が『精神現象学』「啓蒙」章でも指摘していたとおり、木片の組合わせ(十字架)を贖罪の象徴とし、薄いパン(聖体)を神の子の身体《コルプス》とみなす聖餐式も、フェティッシュの饗宴であることにかわりがありません。

マルクスが、上着はリンネルの価値を体化するというとき、その「体化 Verkörperung」という表現は、いいかえれば「受肉 *incarnatio*」のことで、そこでは神が御子イエスとなり、神の御子が聖体のなかにやどる事情との類比が示唆されています。だからマルクスは「リンネルの価値存在が上着との同等性においてあらわれるのは、キリスト教徒の羊的な性格が神の仔羊との同等性においてあらわれるのとおなじことである」(K. I. S. 66)と言っているのです。ここにはもちろん、現実のキリスト教徒への当てこすりも籠められているわけですけれども。

マルクスは、貨幣があくまで出自を商品世界に有し、貨幣とはもともと一商品であるにすぎないと見ています。マルクスがみとめるフェティッシュ的性格は、だから貨幣にかぎられず、むしろ第一には商品そのものにみとめられていました。商品が価値であるということ自体に、フェティシズムの起源が見とどけられていたわけです。『資本論』初版「附録」の表現をつかうなら、そこには一箇の「顚倒」があり、その顚倒によって「感覚的―具体的なものが抽象的―普遍的なものの現象形態として」妥当することになるからです。ローマ法とドイツ法はともに法であると言うのは、問題がない。とはいえ、たとえばドイツ法という個別的なもののなかに法そのもの、普遍的なものが実現されていると語るとすれば、具体的なものと抽象的なものの「関係が神秘的なものとなる」しだいです(K. A, S. 771)。

　貨幣がどうして使用されるのか。とくに紙幣のように無価値なものが、なぜ価値あるものとして流通するのか。問題がそれだけのことなら、答えはある意味で単純です。貨幣の使用は、他者の「未来の行為への有意味な関係」をふくむ、つまり他者もまた貨幣を受けとるであろうという「期待」が貨幣の使用を可能にする、と答えればよい(ヴェーバー『理解社会学のいくつかのカテゴリーについて』)。この答えかたは、ひろい意味での機能主義的なアプローチを採用する論者たちのあいだでも受けつがれてゆくことになるでしょう。貨幣とは象徴的に一般化されたコミュニケーション・メディアである(N・ルーマン)と語っても、おなじことです。

　商品にあって「感覚的―具体的なものが抽象的―普遍的なものの現象形態として」妥当する

とマルクスが主張するとき、見すえられていたのは、一方ではもうすこし古典的な問題です。他方でマルクスが強調しているのはいわば論理的な次元での奇妙さなのです。この件についてはたしかに、商品一般よりも貨幣にかんして見ておくほうが適当でしょう。

普遍的なものと個物とのあいだの論理的な攪乱について

トマス・アクィナスは一般には、普遍的なものをめぐるプラトン的な了解を否定して、アリストテレス的な形相《フォルマ》(エイドス)理解を採用したといわれます。けれども、じつは、この巨大なスコラ哲学者はアウグスティヌスを踏まえ、神の知性のうちにイデアが存在することをみとめています。だからトマスも神論の脈絡では、「アリストテレスも、イデアにかんするプラトンの見解を、後者がイデアを知性のうちにではなく、それだけで存在するとしたかぎりで否認しているのだ」(『神学大全』第一部第一五問第一項)と主張します。ここで「知性のうちにではなく、それだけで存在する *per se existentes, non in intellectu*」ということがポイントでして、通常なら普遍的なもの(イデア)は、アリストテレスにとっても、トマスにあっても「諸事物のうちに *in rebus*」存在するわけですね。それが、神についていえば、イデアは神の知性のうちに存在するとされるのです。これは「神学的なつぶやき」といったひとことで片がつく問題ではありません。普遍的なものと個物とのあいだの論理的階梯の攪乱は、貨幣についても起こっているからです。神に劣らず貨幣についても「形而上学的小理屈」があらわれてきます。

前章でも見たように、『資本論』「価値形態論」におけるマルクスのおもて向きの論理では、第三形態はたんに第二形態について、その「逆関係 Rückbeziehung」を表現するものでした。『資本論』初版のマルクスは、ことの消息をめぐって微妙にことなる認定をくだし、ちょっとおもしろいことを書きとめています。すこし長く引用しておきましょう。

　第二形態「二〇エレのリンネル＝一着の上着　または＝u量のコーヒー　または＝v量の紅茶　または＝x量の鉄等々」にあって、リンネルは相対的価値表現を展開していた。そこでリンネルは個別的な商品、上着、コーヒー等々に、一箇の特殊な等価物として関係し、それらの商品はすべてあわせてその特殊な等価形態の領圏となっている。リンネルに相対して、どの個別的な商品種も、〔第一形態の〕個別的な等価物がそうだったようには、端的な等価物としては妥当しておらず、そこでひとつの等価物は他の等価物を排除する。第三形態は第二形態の逆関係を取ったものであり、したがって第二形態のうちにふくまれているものであるけれども、そこではリンネルがこれに対して、等価物という類の形態を取って、他のいっさいの商品に対してあらわれてくる。それはあたかも、ライオン、トラ、ウサギ、その他すべての現実の動物たち──これらは集合して、動物の王国の、さまざまな属、種、亜種、科、等々を形成しているわけだ──とならび、その外部になお動物そのものが存在して、動物の王国全体がそこで個体として受肉しているかのようなものなのである。

(K. A, S. 26 f.)

ライオン、トラ、ウサギ等々のそばを動物そのもの(*das Tier*)が歩いている! この奇妙な光景が、一般的等価形態(第三形態)の、つまりやがて貨幣形態(第四形態)の成立する現場なのです。

引用文末尾の「受肉 Inkarnation」という神学用語にも注意しておいて頂きたいと思います。リンネルはあくまで「個別的なもの」です。このあとつづけて、初版『資本論』本文は、とはいえそれが「いっさいの商品に共通した価値の現象形態」であるとすれば、リンネルはまさに「普遍的な価値の身体《ライブ》」であり、要するに「神」なのだと語っています。『経済学批判』の言いまわしで表現しなおすなら「諸商品の神」ということになるでしょう。

ここには、論理的な階梯の攪乱がある。普遍的なものを個別的なものをはなれて、その上方に在るものと考えることは一応できます（プラトニズム）。普遍的なものが個別的なものに内在すると考えることも可能です（アリストテレコ＝トミズム）。それに対して、個物のかたわらに普遍的なものが併存しているというのは、どうにも奇妙なことがらなのです。

ミダス王の呪い――貨幣商品の成立

マルクスは「金銀は生まれつき貨幣というわけではないにしても、貨幣は生まれつき金銀である」と言います。貴金属の性質が貨幣の果たすべきさまざまな機能に適しているからです。金銀はどのような部分をとっても、均等な質を有している。貨幣商品は「純粋に量的な区別が可能なもの、つまり任意に分割することができ、その諸部分からふたたび合成することのできるもの」でなければならない。金銀はこのような属性を生来そなえているわけです。

金はかわらず虫歯の充塡にも使われるし、奢侈品の材料としても使用されます。金はいまやしかし、そうした通常の使用価値のほかに「その特種な社会的機能から生じる、ひとつの形式的な使用価値」をそなえて、他の商品はすべてそれぞれに「特殊な商品」であるにすぎないのに対して、金だけが「一般的商品」となるしだいです（K. I, S. 104）。――金の勝利はミダス王の呪いの回帰でもある。アリストテレスの慧眼が、すでに問題をとらえていました。

アリストテレスによると、たとえば食物と酒類との交換なら、有用なものと有用なものとが交換されるかぎりで、「自然に反した」ものではありません。しかし交換がポリスとポリスとのあいだで恒常的なものとなるにつれて、「貨幣の使用」が一般的となります。貨幣は一方で富や財を形成するところから、それじたい有用なものと考えられてゆきます。貨幣は、しかし、他方では「まったく無意味なもの」「自然的にはなにものでもないもの」とも思われています。なぜならば、大量の貨幣を手にしていながら、必用な食糧にこと欠くことが考えられるからです。ミダス王はふれるもののすべてを、パンすらも金に変えてしまって、死んだとされています。「飢えのため死んでしまうことになるものが、富であるのは奇妙である」というのがアリストテレスの認定です（『政治学』第一巻第九章）。

貨幣の価値尺度機能とその倒錯

ともあれ、金が「価値の一般的尺度」となって、価値尺度としての機能を手にするときに、金という一般的商品は「貨幣」となります（K. I, S. 109）。前章で見ておいたとおり、価値形態における第三形態、すなわち一般的価値形態の成立がすでに、商品どうしの差異の無限の反覆が一商品の価値を形成する事情を隠蔽するものでした。それでも考えてみれば、たとえばポンドとはもともと金の重量の単位ですから、この名はがんらい価値関係の表示であったわけです。とはいえやがて重量名と貨幣名とが乖離してゆくと、貨幣がそこから生まれてきた「価値関係のあらゆる痕跡」は抹消されてゆきます（*ibid.*, S. 115）。それと同時に、貨幣は多様で無限な、しかし偶然的な交換関係をはなれて、すべてのものの価値を測る、それゆえそれじたい価値のあるものとなります。貨幣フェティッシュの成立です。結果はよく知られています。今日でもなお、私たちが目のまえにしている光景です。

> それ自体としては商品ではないもの、たとえば良心や名誉などは、それを所持する者が貨幣とひきかえに得ることのできるものであり、こうしてその価格をつうじて商品形態を受けとることができる。ある事物はそれゆえ価値を有することなくして、形式的に価格をそなえることができるのである。ここで価格表現は、数学上のある種の量のように想像的なものとなる。他面で想像的な価格形態、たとえば未開墾地——そこには人間労働が対象化されていないのですこしも価値がないのだ——の価格のようなものも、ある現実の価値関係、あるいはそれから派生した関係を隠していることがありうるのだ。（S. 117）

良心や名誉が売り買いされ、未開墾地に価格がつけられる。「想像的《イマジナリー》」な価格が世を跋扈し、乗法の結果が負の数となる虚数《イマジナリー・ナンバー》めいた商品が世界を蔽ってゆくわけです。

カントはスミスを読んでおり、貨幣を「譲渡すること」によってのみ使用可能な物件と定義していました(『倫理の形而上学』)。カントによれば、「目的の王国」においていっさいのものは「価格」か「尊厳」のどちらかをそなえています。価格をもつものならば貨幣と交換されて、置きかえ不能なものが尊厳をともなっているわけです(『倫理の形而上学の基礎づけ』)。

カントの思わくとはことなり、尊厳もしかし売り買いされる！　若きマルクスは義憤にかられて書いていました。「類の関係、男女の関係その他でさえ商売の対象となる！　女性が売買されるのだ！」(「ユダヤ人問題によせて」)。『資本論』を準備するノートには、貨幣とは「一般的な売春」であり、「諸関係を解体するもの」であるともしるされています。

商品の貨幣への転化――「命がけの跳躍」

たとえば等式「一トンの鉄＝二オンスの金」を考えてみます。これは一定量の商品と一定量の他の商品を等値したものですから、見かけじょう第一形態とおなじです。しかし金が貨幣となっていれば、この等式は金による鉄の価値表現であるとともに、鉄の貨幣形態あるいはその価格形態ともなります。

　ここで、貨幣は価値尺度としてはたらいているだけですから、そこでは「現実の金の一片」も必要ではありません(K. I, S. 111)。しかし、そもそも金が「観念的な価値尺度」として機能するのは、金がすでに「交換過程で貨幣商品として駆けまわっているから」です。値札に書かれたただの数字の背後には「硬い貨幣が待ちぶせしている」(*ibid.*, S. 118)。要するに鉄はじっさい売れなければ商品ではなく、貨幣と交換されなければ商品とはならないわけですね。ここには第一形態のなかにみとめられた非対称性、相対的価値形態と等価形態とのあいだの非対称性が伝染しています。売りとは商品にとって「命がけの跳躍」(S. 120)となるからです。

　以下では、商品(Ware)をWと略記し、貨幣(Geld)をGとしるすことにしましょう。商品を手ばなし、貨幣を手にいれることが売りであり、売りW―Gには、買い(貨幣を譲渡し、商品を入手すること)つまりG―Wが対応します。その意味では商品交換は対称的な過程であるかにみえる。とはいえほんとうは、そこに存在しているのは非対称的関係です。なぜでしょうか。商品はその所有者にとっては使用価値ではなく、他者のための使用価値であるからです。商品がじっさいに他者のために使用価値となることは、商品が売れたことではじめてわかります。ことばをかえるならば、売りの実現によってその生産に支出された労働が有用であったこと、つまりその労働がたしかに「社会的分業の一環」であったことが確証されます。「商品は貨幣を愛し求める」。シェークスピアも言うとおり、だが「まことの恋がなめらかにすすむためしはない」（『真夏の夜の夢』）のです（S. 121 f.）。

なるほど一方にとっての売りは、他方にとって買いとなります。売り買いは、かくて対称的で相補的であるようにみえる。ここから、いわゆる「販路説」が唱えられたこともあります。かくてまた供給は必然的に需要を生みだす、というわけです。セーの法則として知られるこの立場はケインズ的にいえば有効需要を無視しているわけで、マルクスにいわせれば「これほどばかげたものはほかにない」。売った者がすぐに買う義理はありません。一方で貨幣には流動性が高いですから、ケインズも説いていたとおりそれゆえ選好され、また保蔵されます。他方では、過剰生産によって大量の在庫が倉庫で眠りつづけて、やがて恐慌が起こることもありえます。古典派経済学がセーの法則に固執したのは、恐慌という「暴力的」な統一の実現をあくまで例外的なできごとと見なしていたからです。この点、つまり単純な流通過程のただなかに「恐慌の可能性」を見てとること、そもそも売りとは商品にとって命がけの跳躍であるしだいを見さだめていることが、マルクスの資本制理解にとって決定的に重要なポイントのひとつとなるはずです（S. 127 f.）。

ただしここではいったん売り買いの過程の順調な進展を前提としておいて、ごく単純な流通過程を追認しておきましょう。いまひとつに「命がけの跳躍」を先おくりする、貨幣そのものの機能を確認しておきたいと思います。——商品の貨幣への転化（W—G）は、たしかに、生死を賭した冒険です。商品とは他者のための使用価値でなければならず、他者とその意向はさしあたり不確定で不透明であるからです。けれども貨幣にはこの不確定性を回収し、不透明性をいったん透過するかにみえるはたらきが芽ばえます。価値尺度機能、流通手段とならんで貨幣の機能となって、いわば貨幣らしい貨幣がそなえるにいたる、蓄蔵貨幣と支払手段というはたらきがそれにあたります。すこしだけ先どりしておくと、このふたつの機能が貨幣に帰属するとき、貨幣が資本に転化する条件のひとつが整うことになるはずです。

商品流通の単純なモデル——リンネル、聖書、ウィスキー

織工（A）がリンネル（W^1）を売って、聖書（W^2）を手に入れるとします。そのために一方ではW^1を買う者（B）があらわれ、他方ではW^2を売る者（C）があらかじめ存在していることが必要です。商品W^1が商品W^2へと転化するこの過程の全体を、二ポンド・スターリング貨幣が仲介することとしましょう。ここには「四つの極と三人の登場人物」があらわれることになりますが、いま

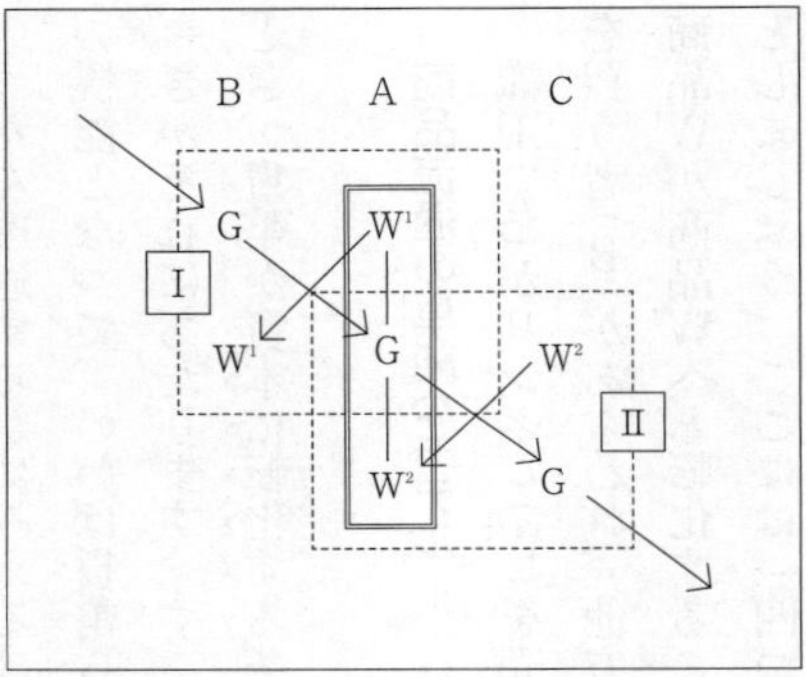

これを一覧する図を作成すると、上図のようになります。Aにとっての第一の行為つまり売りがⅠによって、第二の行為つまり買いがⅡによって示されています。それぞれ破線で囲まれた部分です。実線で囲んだ全体が、商品流通W^1—G—W^2をあらわしていることになるでしょう。

マルクスは、職工がリンネルを売ることができるのは農民がすでに小麦を売っているからであり、酒好きが聖書を売ることができるのは織職がリンネルをすでに売っているからであり、ウィスキー屋が蒸留酒を売ることができるのは「べつのひとが、永遠のいのちの水をすでに売っているからこそである」と書いたあとに、こうしるしています。ちなみに永遠のいのちの水とは聖書のことなのですけれど、この前後の箇所で、マルクスの書きようはなんだかひどく上機嫌で嬉しそうです。ともあれ引用しておきます。

流通過程はそれゆえにまた、直接的な生産物交換のように、使用価値の場所転換または持ち手変換によって消えてしまうものではない。貨幣が最後に一商品のメタモルフォーゼの系列から脱落するからといって、貨幣はそれで消失してしまうのでもない。貨幣はつねに、商品が空けた流通場所に沈殿してゆく。たとえばリンネルのメタモルフォーゼの総体、すなわちリンネル—貨幣—聖書にあってまずリンネルが流通から脱落し、貨幣がその場所を占め、つぎには聖書が流通から脱落し、貨幣がその場所を占めてゆく。商品による商品の補完は、同時に第三の手に貨幣商品を握らせる。流通はたえず貨幣を発汗しているのだ。

(K. I, S. 126 f.)

商品流通は「たえず貨幣を発汗している schwitzt beständig Geld aus」。すでに引いたように、貨幣とはあるいみ流通過程が分泌する排泄物でもあるわけです(本書、四一頁)。

商品流通と貨幣通流——貨幣がひらく空間

前章でも確認しておいたとおり、商品は運動しなければならない。運動をやめた商品は死筋の在庫であるか、消費の対象となるからです。商品は貨幣と場所を取りかえると同時に「流通から脱落して消費に」はいります。消費された商品はもはや商品ではありません。これも見ておいたように、商品とは最終的には消化され、排泄物となりうるものでもあるわけです。

ところで、商品が「流通 Zirkulation」する過程は「貨幣の循環を排除」します。貨幣はその発出点からたえず遠ざかって、出発点に回帰してくることがありません。このことを（商品の流通と区別して）貨幣の「通流 Umlauf」と呼んでおきます。貨幣は「購買手段」として機能することで商品を流通させ、商品の流通とともに貨幣は通流するわけです（K. I, S. 128 f.）。かくて貨幣は流通手段としてつねに流通の相面に棲みつき、「たえずそのなかを駆けまわっている」しだいとなります（*ibid.*, S. 131）。

貨幣は流通部面にとどまり、運動を継続します。ここからも、ひとつの錯覚が生じるはこびになる。つまり貨幣の運動はたんに商品の運動、「商品流通の表現」にすぎないにかかわらず、「逆に商品流通がひとえに貨幣運動の結果として現象する」わけです（S. 129 f.）。

商品には、添え字（1、2、…、n）がついていました。商品はそれぞれその使用価値をことにするからです。これに対して、貨幣Gには添え字がつきません。貨幣をいくらじっくり見てみても、その貨幣に転化した商品の素性はわからないからです。貨幣には色どりも臭気もついていません。かつて一ローマ皇帝が喝破したとおり、貨幣は「臭わない」（S. 124）わけですね。

ちなみに、この *non olet* ということばは、屎尿再利用にたいして税金を徴収しようとしたときに、英明なる帝王が発したものだそうです。

商品流通の表層、市場の表面ではつねに貨幣のみが通流する。貨幣とは価値の表現であり、諸商品の等質性の表現です。くわえて、W—G—Wという行為の系列は原理的には無限に継続することができます。その系列と過程のなかで貨幣Gはつねにおなじものでありつづけ、等質的なものでありつづける。G…Gの系列は、その背後に無限な商品の差異をのこして、しかしその差異を抹消しながら、それじたい無限に継続してゆきます。一面では「多数の、同時的な、したがって空間的に並行する」商品がべつの商品へと置きかえられてゆく過程、つまり「一方的な商品のメタモルフォーゼ」(S. 131)が存在します。他面ではそれらすべての表層で、単一の流通手段として貨幣が通流してゆくのです。——この貨幣の通流が商品世界あるいは商品空間を均一化します。商品空間を均質化し、等質化することで、同時にまた、商品が流通する時間を無限に延長し、時間そのものをも単線化して、等質化してゆくことになるでしょう。

「諸商品の神」としての貨幣と、貨幣蓄蔵

商品流通の過程が正常に、つまり滞りなく経過してゆく場合は、商品はつぎつぎと流通から脱落し、貨幣だけが流通局面に滞留して、また通流してゆきます。そのような現象に目を奪わ

れるとき、やがてことがらが顚倒して映じてきます。商品を流通させる手段にすぎないはずの貨幣が目的と化してゆく。「貨幣蓄蔵」のはじまりです。

商品は運動しなければならない。商品は販売者のもとでは使用価値ではなく、購買者にとっての使用価値となるべきものですから、その持ち手を交換しなければなりません。こうして、商品がつぎつぎと貨幣へと置きかえられ、流通から脱落してゆくならば、商品とはたんに貨幣へと置換される可能性をはらむにすぎないもの、いってみれば「表象された貨幣」にほかならないことになります。『経済学批判』から引照しておきましょう。

> このように、すべての商品はただ表象された貨幣であるにすぎないのだから、貨幣のみが唯一の現実的な商品である。交換価値の、一般的な社会的労働の、抽象的な富の自立的なありかたをただ表象しているにすぎない諸商品とは反対に、金は抽象的な富が物質的になったありかたである。使用価値の面からいうなら、いかなる商品も特殊な欲求に対するその関連をつうじて素材的富のただひとつの契機を表現するにすぎず、富のたんに個別化された一面を表現するにすぎない。しかし、貨幣はどのような欲求の対象にも直接に置換可能であるかぎりは、いかなる欲求をも充たすことになる。貨幣自身の使用価値は、その

等価物であるさまざまな使用価値の無限な系列のなかで現実化されている。貨幣は、その混じりけのない金属性のなかに、商品世界で繰りひろげられる素材的な富のいっさいを、未展開なままふくんでいるのだ。

貨幣はたんなる流通手段であったはずでした。それがいまや、貨幣が「素材的富を物質的に代理するもの」となる。こうして「貨幣として金に、その黄金色の栄光が返還される。それは奴隷から主人となる。たんなる手伝いから、諸商品の神となる」わけです。

諸商品の神(Gott der Waren)という表現はすでにいちど言いおよんでおきました(本書、五〇頁)。すべてが売りものであって、富ばかりでなく名誉や尊厳ですらも売り買いされるならば(五三頁以下)、つまりいっさいが貨幣へと転化することが可能であるとするなら、「貨幣蓄蔵への衝動」には「その本性からして際限がない《マースロース》」ことになりましょう。たほうで貨幣そのものにも原理的に「制限がない《シュランケンロース》」からです(K. I, S. 147)。

貨幣蓄蔵と、支払手段としての貨幣

あたかもヴェーバーを先どりするかのように、マルクスは説いていました。「貨幣蓄蔵者は、さらにその禁欲主義が精力的な勤勉とむすびついているかぎりで、宗教上は本質的にプロテスタントであって、さらにはピューリタンである」(『経済学批判』)。——若きマルクスは「貨幣とはイスラエルの嫉妬深い神であり、そのまえでは他のいかなる神も存続をゆるされない」とも書いていました(「ユダヤ人問題によせて」)。資本制を駆動した原初の衝動をめぐる認識もまた、『資本論』を準備する過程をへて、マルクスのなかで深化しているように思います。

マルクスによれば貨幣蓄蔵者は「錯乱した資本家」であるのに対して、資本家は「合理的な貨幣蓄蔵者」です(K. I, S. 168)。貨幣を蓄蔵する者は、とはいえ、たんに錯乱しているわけではありません。貨幣の蓄蔵によって一方では高利資本が可能となります。他方それは商人資本において一般的な慣習、すなわち掛け売りを可能とするわけです。掛け売りという慣習が一般化したところで、貨幣には重要な機能が付けくわわることになるでしょう。「支払手段」という役割がこのあらたな機能にほかなりません。典型的にいえば、手形による当座の決済が一般化することがその背景となります。——ここでは先まわりして、商業信用が成立する経緯にかんするマルクスの認定を引いておきましょう。『資本論』第三巻から引用します。

だいたいにおいて貨幣はここで、たんに支払手段としてのみ機能している。つまり商品は貨幣と引きかえでなく、書面での一定期日の支払約束と引きかえに売られるのである。この支払約束を私たちは、簡単にするためにすべて手形という一般的なカテゴリーのもとに総括しておくことができる。このような手形はその満期支払日までは、それ自身がふたたび支払手段として流通する。そしてこれが本来の商業貨幣をかたちづくってゆく。このような手形は、最後に債権債務の相殺によって決済されるかぎりで、絶対的に貨幣として作動する。というのも、そのばあい貨幣への最終的な転化が生起しないからである。

(K. III, S. 413)

貨幣が支払手段となるのは、手形(一般的な意味で使います)の最終的な決済にあたり、貸借相殺後のいわば差額分のやりとりに貨幣が登場する場合です。法律的にいうなら、貨幣が債権債務を帳消しにし、解消する手段となっているわけです。

「錬金術」の登場と資本成立の条件

ところで右の引用にはもうひとつ注目すべき点があります。貨幣が支払手段として成熟することは一種の錬金術を可能にするという消息です。『資本論』のマルクスは、いっさいのものが「売れるものとなり、買えるものとなる」こと、すべてのものが、商品であろうとなかろうと「貨幣へと転化する」現象を「錬金術」と呼び、その錬金術に抵抗しうるものはなにもないと書いていました(K.I, S. 145)。それはむしろ、資本制にかけられたミダス王の呪縛、尊厳すらも売買される呪いをさしています。ここでいう錬金術はちがいます。それはさらに「無からの創造 *creatio ex nihilo*」を可能とする魔術です。簡単にふれておきます。

手形は裏書により流通しながら、決済期日以前にはそれ自身が支払手段となるのですから、それじたい貨幣と同様に通用します。つまり右の引用にいう「本来の商業貨幣」ですが、これがいわゆる信用貨幣の一種であることはあきらかです。それだけではありません。手形は最初から貨幣そのものの代用物として振りだされています。しかも手もちの貨幣が不足している者が、いわば架空《フィクチオ》の貨幣として発行しているわけです。債権債務の証書である手形を振りだし、それと引きかえに商品を入手するとき、買い手は到来する未来においてのみ現金化される証書をみずから発行します。これは事実じょう貨幣を製造していることにひとしいのです。この件には、とりあえず三つの意味があります。

たとえば、自己資本に乏しい企業が納品期日にあわせて手形を切って、生産手段を購入したとします。これはいってみれば、まだ存在せず、したがって売れていない商品をすでに売れたことにしてしまう擬制《フィクチオ》を前提としています。売りにまつわる例の命がけの跳躍、商品の貨幣への転化(W—G)がはらむリスクがいったんは素どおりされて、先おくりにされてしまうわけです。これが信用貨幣である手形が貨幣となり、しかもほんらいの貨幣では不可能なふしぎな力をもつ理由です。——もうひとつ、意味があります。貨幣の蓄蔵によって掛け売りが可能となり、その慣習化にともなって貨幣には支払手段という機能が付けくわわる、と言いました。ところが貨幣が支払手段となることで一般化した手形、ひろくは信用貨幣が、商品がまだ売れておらず、手もとに貨幣も存在しないところで貨幣を先どりすることをつうじて、まさしく無から有をつくり出す。貨幣蓄蔵は過ぎ去った時間の蓄積であるのに対し、信用貨幣は未だ到来しない時間の凍結です。そこでは未来が過去のかわりになって、両者が置きかえられてゆく。ここに資本が登場する条件のひとつが準備されているわけです。

資本制の構造的危機とその原型

三つ目の意味はこうです。資本が登場する条件が整えられるとともに、資本制の構造的危機の原型もまた用意されるということなのです。

貨幣が支払手段という役割を果たすようになるのは、もとはといえば、商品生産のありかたにいくつかの差異が分布しているからです。あるいは「商品流通の発展につれて、商品の譲渡が商品価格の実現から時間的に分離されるような事情が発展する」からでした。たとえばある商品の生産には長い時間がかかって、べつの商品を生産するためには短い時間しか必要とされません。前者の商品の生産者はじっさいに商品をつくり上げ、販売するまえに、べつの商品を——生活手段や生産手段として——入手する必要があります。あるいは或る種の商品は季節にむすびつけられているいっぽう、べつの種類の商品なら時節を問わずに生産される。あるいはまたひとつの商品はその生まれ故郷の市場で売りにだされ、もうひとつの商品のばあい「遠くはなれた市場まで旅をしなければならない」わけです。このようなときに「買い手は商品を、それゆえ、その代価を支払うまえに買うことになる」のが必定です(K. I, S. 149)。

ここには、しかしいずれにしても未来の不確定性と他者(より具体的には、将来の買い手の意向)の不透明性が、避けがたいしかたで絡んできます。そこで、支払手段としての貨幣には解きがたい矛盾が——ヘーゲル用語を愛用するマルクスによれば「媒介されない矛盾」が——はらまれることになります。その矛盾が「貨幣恐慌」によって(一般的にいえば、信用恐慌において)「爆発」します(*ibid.*, S. 151 f.)。ふたたび『経済学批判』から引いておきます。

こうした瞬間に唯一の富として叫びもとめられる最高善は貨幣、現金であって、これとならぶときには、他のすべての商品はそれらが使用価値であるというまさにその理由から無用なものとして、下らないもの、がらくたとして、またはわがマルティン・ルター博士のいわゆる、たんなる華美と飽食としてあらわれる。信用主義から重金主義へのこの突然の転化が、じっさいのパニックに理論上の恐怖を付けくわえる。そして流通当事者たちはかれら自身の諸関係の底知れぬ秘密のまえで震えあがるのである。

支払いの数珠と信用の連鎖が絶たれて、いまや貨幣こそ「最高善 *summum bonum*」であり、現金こそすべてです。『資本論』も書いていました。繁栄の時代には「商品こそ貨幣」でしたが、いまや「ただ貨幣だけが商品だ！」という声が響きわたるわけです(K. I, S. 152)。

商品流通、世界市場、商業資本

剝きだしの貨幣蓄蔵と高利資本は、資本制の発展とともに消失してゆきます。しかし、支払準備というかたちでの貨幣蓄蔵の必要は、いよいよ増大してゆくことでしょう(*ibid.*, S. 156)。この件によって、資本制をみまう構造的な危機もまた深化してゆくわけです。

この間の消息を分析するためには、なおいくつもの準備が必要となります。ここでは当面の展開に戻っておきましょう。――マルクスは、「貨幣の資本への転化」と題された章を、つぎのように書きはじめていました。引用がつづきますが、やはり念のため引いておきましょう。

商品流通は資本の出発点である。商品生産と、発達した商品流通すなわち商業が、資本が成立するための歴史的な前提をかたちづくっている。世界貿易と世界市場が、一六世紀に資本の近代的生活史を拓くのである。

商品流通の素材的な内容やさまざまな使用価値の交換を度外視して、ひたすらこの過程が生みだす経済的諸形態のみを考察するとすれば、私たちはこの過程の最後の産物として貨幣を見いだすことになる。商品流通のこの最後の産物が、資本の最初の現象形態なのである。(K. I, S. 161)

商品流通が一般化したところではじめて、近代的な意味での資本がなりたつ。資本は「現象形態」(とりあえずこれもまた、あくまで現象形態としての規定であることに注意してください)としてはまず、商品流通から生まれる貨幣としてあらわれるわけです。

商品流通の直接的な形態はW—G—Wすなわち「買うために売る」でした。この形態に並行して、G—W—Gつまり「売るために買う」があらわれるとしましょう。ここで登場するのはG…Gという貨幣の運動です。そのばあい貨幣は資本へと転化して、「その使命からすれば、すでに資本」なのです(*ibid.*, S. 162)。G—W—Gにあって貨幣は「ただ前貸しされる」、ふつうにいえばたんに投資されるにすぎない。W—G—Wの連鎖では貨幣はその出発点には回帰せず、循環しませんが、G—W—Gでは貨幣が「還流」しなければならないのです(S. 163 f.)。

初期商業資本における利潤の発生

単純な商品流通を、さきほどは添え字をつけてW^1—G—W^2とも表記しておきました。過程のはじまりとおわりはともに商品であり、「おなじ価値量の商品」であるけれども、両者は質的にことなる使用価値、たとえばリンネルと聖書になります。流通G—W—Gでは、これに対してGとGとはもちろん質的にひとしく、「同義反復」にも見えます。マルクスは——多少なりとも衒学的に——「両極」はしたがって「量的な区別」によって内容をもたなければならない、と言います。「この過程の完全な形態は、それゆえG—W—G′であって、そこでは$G' = G + \varDelta G$である」。ついでに言っておくと、マルクスはたぶんようやく理解した微分の記号法を使っているのですが、それはともかく、この増加分が「剰余価値 Mehrwert」と呼ばれるわけです。貨幣のかたちで投資された価値は、流通のなかで価値量を変化させて、より以上の価値を付けくわえる。すなわち、「剰余価値を付加する、あるいは価値増殖する」。この価値増殖の「運動が貨幣を資本に転化させる」わけです(K. I, S. 164 f.)。

通常の商品流通なら、その最終目的は商品の使用価値の実現であり、要するに商品の消費をもっておわります。これに対して、貨幣蓄蔵を原型とし、貨幣蓄蔵への動機に感染した資本の運動においては「はじまりもおわりもおなじもの」です。つまり貨幣、ただし過程のおわりでは、そのはじまりよりも増殖した貨幣です。――単純な商品流通ならば、商品流通そのものの外部にその目的はあります。いいかえれば、流通自体は使用価値の取得と欲求の充足のための手段にすぎません。リンネルを手ばなし聖書を手にいれ、いのちの水を売りはらって、その晩の酔いを買いとるようにです。貨幣が資本に転化した場合、「貨幣の流通」そのものが「自己目的 Selbstzweck」となります。「資本の運動にはそれゆえに限度がない」(*ibid*., S. 166 f.)。貨幣にあらわされる価値が、かくて「一箇の自動的な主体」へと転化してゆきます。価値はかくてまた「それが価値であるがゆえに価値を生む」という、「オカルト的な質」を受けとることになるのです(S. 169)。資本のフェティシズムのはじまりにほかなりません。

マルクスによる「資本の一般的定式」

つづけてマルクスは説いています。いわゆる「資本の一般的定式」を与える一節です。よく知られている部分ですけれども、念のため引用しておきましょう。

売るために買うこと、あるいは、より完全なかたちでいえば、より高く売るために買うこと、G―W―G′は、たしかにただ資本の一種類にのみ、すなわち商人資本にだけ特有な形態であるかのように見える。とはいえ産業資本もまた、商品に転化して、商品の販売によってより多くの貨幣に再転化する貨幣である。買いと売りの中間で、つまり流通部面の外部でおこなわれるかもしれない行為はこの運動形態をすこしも変更するものではない。さいごに利子生み資本では、流通G―W―G′が短縮され、媒介を欠いたその結果として、いわば簡潔体でG―G′として、より多くの貨幣にひとしい貨幣、それ自身より大きい価値としてあらわれる。

じっさいしたがってG―W―G′は、直接に流通部面にあらわれているがままの、資本の一般的な定式なのである。（K. I, S. 170）

G—W—G′について、もういちど確認しておけばG′＝G＋⊿Gですから、これは簡単にいって「より高く売るために買う」ことです。商人資本にだけ当てはまる定式ではありません。いまは流通の局面にのみ注目しておけば、産業資本もまたおなじ操作をしています。利子生み資本、つまりG—G′も、マルクスの言いかたをつかえば、その「簡潔体 Lapidarstil」にすぎないことになります。G—W—G′が、こうして「資本の一般的な定式」ただし流通部面から見るかぎりでの一般定式にほかならないことになります。商人資本（Ⅰ）、金貸資本（Ⅱ）、産業資本（Ⅲ）の流通形式を、後論をすこし先どりしながら示しておきます。

（Ⅰ）商人資本の流通形式：G—W—G′（G′はG＋⊿G）

（Ⅱ）金貸資本の流通形式：G—G′

（Ⅲ）産業資本の流通形式：$G—W<^{A}_{Pm}\cdots P\cdots W'—G'$（Aは労働力、Pmは生産手段）

資本の「一般的定式」としてはどれが適切か？

『資本論』を、とくにマルクス自身が公刊したその第一巻を中心に読んだときに、その中軸的な関心が産業資本、つまりG―W…P…W′―G′にあるかのように見えることは、否定できません。けれども、どうでしょうか？　歴史的にいえば商人資本と高利資本はもともと不可分で、おなじ貨幣の蓄積が、商人資本としても金貸資本としても作動してゆくことが多かったと思います。そのなかでも商人資本の作動形式G―W―G′を、資本の一般的な定式と考えておくことが妥当なような気もするところです。商人資本はGとG′をつなぐWを自己調達して、産業資本を生みだすのが常態であったとも思われるからです。

けれども、資本が資本である基本条件は自己増殖にあるとみれば、やがて貨幣取引資本(Geldhandlungskapital)となり、銀行資本となってゆくような高利資本こそ、剝きだしの資本の原型であると言いたくなります。G…G′という資本の自己運動の過程が、一方ではWをなかだちさせる商人資本を育み、Wの自己調達によってやがて産業資本が分泌される、とみる論理もありうるわけでしょう。その意味では金貸資本の流通形式こそが資本一般の形式を代表しているといってよいかもしれません。なにより、G―G′は、いったいなにを源泉とする資本増殖なのか。時間です。金貸資本が利用するのは、端的に時間的差異なのです。その意味では貸付資本こそがもっとも純粋な資本です。じっさい『資本論』第三巻では「利子生み資本」の解明が、その理論構成の頂点のひとつとなるはずです。そうだとすると、資本はG―G′にはじまり、やがてG—G′へ回帰すると見る余地がのこされているようにも思われます。この視点はそしてたぶん、資本制の現在的な局面を考えるときに重要なものとなると思います。

「資本の一般的定式」の矛盾とその解決

マルクス自身の論述はこのあとただちに「一般的定式の矛盾」を指摘してゆくはこびとなります。G—WもW—Gも、それが単純な商品流通のなかでおこなわれるなら、たんなる「形態変換」であって、価値量の変化をまったくふくんでいない。「商品交換は等価物どうしの交換であり、したがって価値をふやす手段ではない」(K. I, S. 172 f.)。

不等価交換なら、一方には利得が生まれて、他方には損失が生じるのだから、やはり価値が増殖することはありません。ひとことで言って「流通あるいは商品交換はまったく価値を創造しない」(*ibid.*, S. 177 f.)はずです。それにもかかわらず、資本の一般的定式がなりたつためには、ほかでもなく商品交換から剰余価値(⊿G)が生成する必要があるわけです。価値と価値のあいだのこの量的な差異、つまり剰余はいったいなにに由来するのでしょうか。

剰余価値は、一方では流通過程から発生することができません。商品交換は等価交換の法則にしたがっておこなわれなければならず、等価交換からは価値は増殖しないからです。しかし他方では、剰余価値の発生が「流通からではないとすれば、いったいほかのどこから発生することができるというのだろうか」。貨幣は剰余を手にしたときに、資本へと転化します。この転化は「流通から発生しなければならないと同時に、流通のなかで発生してはならない」わけですね(S. 179 f.)。ヘーゲルの『法哲学』「序文」の一節をおそらく思いおこしながらマルクスは言います。「ここがロードスだ、ここで跳べ！」(S. 180 f.)。――マルクスの答えかたは、よく知られています。ひとことでいえば「労働力の商品化」です。労働力商品が剰余価値を生む。すなわちその価値以上の価値を産む。剰余価値を獲得するとき、産業資本が利用するのは労働と労働力とのあいだの差異になります。資本は、現実に発現した労働自体を買うのではない。そうであれば、その価値が生産された剰余価値を呑みこみ、利潤は生まれません。資本が市場で調達するのは、ポテンシャルとしての労働力なのです。

この解答については後論でいくつかの側面から立ちかえります。ここでは、流通形態としての資本形態からどのようにして剰余価値が発生しうるのかを、あらかじめ簡単に確認しておきたいと思います。これはすなわち、商人資本と金貸資本はいったいどのような差異を利用するのかを劃定しておくことにひとしいわけです。

予備的考察——空間と時間について㈠

そのまえにひとつ、あらかじめ考えておくべきことがあります。そのことはしかも当面の問題を考察する前提となるとともに、次章以下の論点を考えてゆくうえでも欠くことのできない準備ともなるはずです。

単純商品流通と流通形態としての資本とを区別したとき、マルクスが導入した差異は順序の相違、つまりW—G—Wという順序がG—W—Gという順序へと逆転する経緯でした。前者はたとえばリンネル—貨幣—聖書という変換ですが、そこで生起しているのは商品の持ち手変換という空間的運動です。この空間的な運動も、それが運動であるかぎりで時間を前提として、時間の経過を必要とします。とりわけW—Gがリンネルの売りである以上は、それはやはり命がけの跳躍ですし、時間的な経過自体が売りそのもののリスク要因ともなります(売られるのがリンネルではなく鮮魚である場合を考えてください)。——これに対して資本は、それ自身が必然的に時間的運動であり、空間的な差異とともに時間的差異を利用します。流通形態としての資本はしかも、空間的な差異をかならず時間を媒介としてうちに吸収することになります。この件は、空間と時間の関係にかかわる原理的な消息に由来することがらなのです。

カントは空間と時間とを等分にとらえ、並行的に考えていたと一般には言われます。だからたとえばベルクソンはカントのうちに、時間を空間化する典型的な傾向をみとめていました。けれども、カントもまた空間性に対する時間性の優位をある意味で承認します。認識の客観性を保証しようとする、有名な『純粋理性批判』第一版「演繹論」冒頭でもカントは、「私たちの認識はすべて最終的には時間にしたがう」ものであると説いていました。

カントは「アンチノミー」論のなかでもこんなことを書いています。時間においては前進と背進の区別がある。いっぽう空間にはこの区別がないかに見える。空間は「集合体」であって「系列」ではないからです。あるいは、時間は不可逆的ですが、空間の各部分は等価だからです。けれどもそれはことがらの一面なのであって、経験される空間もやはり一箇の系列としてとらえられる。ひとは空間の諸部分を総合することで、空間の全体をとらえます。その把握のはたらきは「継起的であり、したがって時間のなかで生起し」ます。こうした条件づけが消去されるけっか、「背進と前進が空間のなかでは一様であるかに見えるだけ」なのです。

カントの思考のなかでも、空間的差異と時間的差異がたがいに測りあう関係が問題となっています。この間の消息を念頭に、商人資本と金貸資本について考えなおしてみましょう。

商人資本・金貸資本による空間的／時間的差異の利用

まず商人資本はどのようにして⊿G、資本の増殖分を獲得することができるのか。それはひとことでいえば「安く買って、高く売る」ことによってです。ただし、それだけであるならば、商人資本は、まぎれもなく詐術を弄しているしだいとなってしまいます。不等価交換が存在しないとするならば――そして現実にも、剝きだしの不等価交換はやがてたんなる収奪となり、むしろみずから持続可能性を脅かすことになるとすれば――、商人資本がそれを正当なしかたで利用する差異が存在し、しかも商人資本はその差異を抹消しているはずなのです。

商人資本が価値増殖する場合に、商人資本はまず端的に時間的な差異を利用することができます。つまりただ「安く買って、高く売る」のではなく「安いときに買い、高いときに売る」わけです。もっとも単純な商人資本の増殖形式でしょう。もうひとつ、よりリスクの高い源泉は空間的な差異の存在です。「安い場所で買い、高い場所で売る」ということです。この空間的な差異の利用は、時間を条件とし、時間のなかで空間的な差異を横断しながら、それを消去するものです。空間的差異が時間的差異により同一化され、抹消されているわけですね。商品交換そのものが共同体と共同体とのあいだで発生したのとおなじように、あいことなるふたつの流通圏の差異、つまり流通圏と流通圏とのあいだからとりわけ商人資本が生成している。

後者の源泉、つまり空間的差異の利用も、時間を条件としているわけです。カントに言及しておいた箇所を思いおこして頂きたいと思います。時間という不可逆的な系列を利用することで、空間という同時性の形式のなかに差異を導入する。逆にいえば、同時的に存在する差異を時間的に繰り延べながら、その差異から⊿Gを取得しているわけです。

それでは金貸資本あるいは高利資本の場合はどうでしょうか。こちらについてはすこしだけ事情が込みいってきますが、金貸資本もまた、流通圏と流通圏とのあいだで、差異を利用して価値増殖をおこなう点ではおなじです。ギリシアやローマにあってそうであったとおり、貨幣取引業はまず国際的な交易から発展してきたわけです(K. III, S. 329 f.)。ただし、一二世紀から一四世紀にかけて、ヴェネツィアやジェノヴァに成立した信用組合や銀行は、むしろ高利資本の支配を突き崩そうとして、「それらの国の一流の人物」が設立したものでした(*ibid.*, S. 615)。ではかれらは、どのようにして⊿G、資本の増殖分を得たのでしょうか。

たとえば、ルネサンスのパトロンとして知られるメディチ家は銀行家でしたが、利子をとることなく、両替業務により巨万の富を獲得しました。かれらはたんに等価交換をするだけで、実質的には半年で七パーセントにもおよぶ利潤をあげていたのです。利用されたのは、地域による為替レートのちがいと為替手形です。つまり空間的差異と時間的差異にほかなりません。

金貸資本もまたことなる流通圏のあいだの差異から生まれて、流通圏と流通圏のはざまから、金融資本として成立したと言ってもよいわけです。――ただしこのようにいわばソフィスティケイトされた金貸資本が成立したあとで、商人資本と金貸資本、それぞれの収益方式の言ってみれば中間形態のようなものも、歴史的に出現しています。ポルトガル人が大航海に出たころには、アジアでは銀が金より乏しく、ヨーロッパ市場で安く購入した銀を、アジア各地で金と香料に交換し、それをふたたびヨーロッパ市場に持ちかえることが、ポルトガル商船団に莫大な富をもたらしました。これはまあ詐欺にもちかく、あるいは『資本論』の視角からすれば、資本の「原始的蓄積」にかようところがあるかもしれません。

産業資本が剰余価値を獲得するのも、じつは空間的な差異と時間的な差異を利用することによってであり、あるいは積極的にこのふたつの差異を創出することをつうじてです。このことをあきらかにするためには、いわゆる「労働力の商品化」を指弾するのが主要な関心であるかにもみえる『資本論』本文を、すこしちがうしかたで読みといてゆかなければなりません。

第Ⅲ章　生産と流通——時間の変容と空間の再編

40 代のマルクス

不変資本と可変資本、労働力の商品化

商品流通のひとこまW—G—WのW項（商品）とG項（貨幣）の位置を入れかえ、G—W—Gとして、しかもG—W—G′（ただしG′＝G＋⊿G）であったとすると、Gはもはやたんに貨幣の一定の集積ではなく、同時に資本として作動しています。そのばあい⊿Gが剰余価値を貨幣で表現したものとなるわけですが、この⊿Gを生みだすための条件が、産業資本についていうなら、マルクスによると労働力の商品化であるというしだいになります。

マルクスによる「不変資本」と「可変資本」の区別についてはよく知られているところです（K. I, S. 223 f., K. III, S. 154 f.）。おおざっぱに確認しておけばこういうことです。生産手段の価値は、労働過程をつうじて生産物に移されていきます（会計処理上は、これがたとえば機械にかんしては、いわゆる減価償却の期間となるわけです）。そのさい、生産手段（これには用具や機械といった労働手段のほか、原料や補助材料がはいります）となる資本部分は、価値を変化させません。これに対して、労働力の購入に充当された資本部分はその価値にあって「可変的」であり、かくて前者は不変資本、後者が可変資本と呼ばれるわけです。労働力の商品化とは、一方で労働力の価値が価値体系のなかで規定される消息を帰結するものですけれども、他方で労働力の価値が

そもそも可変的であること、すなわち労働力そのものが価値を増殖させ、剰余価値を生むことの条件となるものです。すこし補足しておきましょう。

労働力の商品化とは一方で労働力の商品化です。商品化されることで労働力は、他の無数の商品とのあいだの差異によってその価値が測られることになります。他の商品、とりわけ労働力のにない手、つまり労働者にとっての生活手段の価値が変動することで労働力の価値も変化します。具体的には、たとえば生活手段の価格が総体として下がれば、労賃を切りさげることができるということです。労働力の価値は、この面からいえば、労働力そのものの「再生産に必要な労働時間」によって規定されています(K. I, S. 138)。これは、たとえば綿花の値段が下落すれば綿糸の価格も安くなるのと、とりあえずはおなじことです。

労働力の商品化は、他方ではまた労働力の、この特殊な自然力の商品化です。労働力は事前に、つまり生産過程にそれが充当されるに先だって購入されますが、その力がじっさいに発現するのは労働過程が開始されてからのことになります。この両者、力の譲渡《エントオイセルング》とその発現《オイセルング》とは「時間的に分離して」います。この条件によって「労働力の消費過程が同時に商品の生産過程であり、また剰余価値《メーア・ヴェルト》の生産過程となる」(*ibid.*, S. 189)。つまり時間的分離を前提として労働力は自身の有する価値「より以上の価値《メーアヴェルト》」の源泉となり、かくてまた剰余価値を生産するしだいとなります（S. 208）。

後論との関係で、用語法についてもうひとことだけふれておきます。資本の初期状態をCで示すことにし、不変資本（生産手段に支出される資本量）をc、可変資本（可変資本へと転化する資本部分）をvとすると、C＝c＋vとなります。いまmを剰余価値、vを可変資本とすると、可変資本の増殖率は$\frac{m}{v}$であらわされ、剰余価値率と呼ばれます。vは各労働者が受けとる賃金の総和にひとしく、またmは資本にとってやがて利潤としてとらえかえされるはこびともなりますので（ただし、あとでふれるとおり利潤率は$\frac{m}{c+v}$であらわされます）、伝統的な言いかたをすれば剰余価値率はいわゆる搾取の度合いをも示しているわけです。

絶対的剰余価値と相対的剰余価値——近代資本制を特徴づけるもの

より多くの剰余価値を獲得するための一番かんたんな方法なら、だれでも思いつくところでしょう。一定の労賃で雇いいれた労働者たちを長くはたらかせればよい。資本が購入したのは労働ではなく労働力で、しかも、労働力の成果は時間的に分離されて事後的に労働現場で発現しますから、労働時間（一日の全労働時間を「労働日」といいます）は一日二四時間の範囲内で原理的にはいくらでも延長可能です。こうして獲得される剰余価値を絶対的剰余価値と呼んでおきます。これに対して、ひとことで言えば労働の生産性を上昇させることで、一定時間内に生産される生産物の量は増大し、逆にいえば一定量の生産物の産出に要する労働時間が短縮しますので、労働日に変化がなければやはり剰余価値は増大します。こちらを相対的剰余価値と名づけましょう。本題にはいるまえに、ちょっとだけ余論をはさんでおき、また注をしるしておきます。

前章でふれたところですけれども、アリストテレスの哲学のうちにはすでに、貨幣をめぐる批判的考察がみとめられます（五二頁）。この件が意味することがらはふたつあります。ひとつは、前ヘレニズム期にすでに商品―貨幣経済がギリシア世界に浸透していたこと、もうひとつには当時の支配的思考はたほう、商品―貨幣経済によるポリス的なものの融解をつよく警戒していたということです。じっさいにはソクラテス／プラトンの時代に、地中海交易を背景として、商品―貨幣経済はもはやポリス的な家政＝経済《オイコノミア》に対し（民衆の支配《デモクラティア》の空洞化とならび）脅威のひとつとなっていました。地中海に散在する島々や、現在のイタリア半島出身者を中心に、知者《ソフォス》を名のる者たちが登場し、プラトンによってソフィストと呼ばれたとき、いわゆるソフィストたちが代表したのがあらたな交易経済の立場であり、ソクラテスが固執したものは伝統的な共同体の利害であったと見ることも可能です。じじつ、プロタゴラスの言と伝えられている

「人間は万物の尺度である」にいう尺度《メトロン》とは、市場つまり商品交換の場における度量衡の基準に由来するものであったと解釈されることもあります。このあたりの事情にかんしては、別著『西洋哲学史　古代から中世へ』の該当箇所を参照して頂ければさいわいです。

もう百年以上まえ古代資本制をめぐる論争がおこって、古代史の泰斗E・マイヤーや、若きヴェーバーをも巻きこみ、論点そのものは今日でもやはり決着を見ていない、と考えるむきもあります。ここで立ちいる余裕はありませんが、近代資本制を古代の商品―貨幣経済から区別する標識が――ルネサンス期における農業資本制や金融資本の成熟などの経緯の評価をべつとして――、産業資本の全面的形成にあることはまちがいのないところです。そしてここでようやく余論を閉じることができますけれども、産業資本の生成と構造、その動態を把握するうえで重要になるのは、右でいう「相対的剰余価値」の増殖という問題の水準です。

「労働日の限界をめぐる闘争」

誤解のないようにもうひとことだけ注意を付けくわえておきますけれども、とはいっても、マルクスが「絶対的剰余価値」と呼び、「労働日の限界をめぐる闘争」と名ざして（力《ゲヴァルト》と力の対決がことを決してきた）「労働日にかんするアンチノミー」というかたちで論じた情況が、すでに過ぎ去った問題群ではあるとは言えません。――マルクスの時代イギリスでは、労働日をめぐる総資本と総労働の対立にかんして、いくたびかの工場法の改正によってそのつど妥協が図られている時節でした。ときに皮肉で、ときとして衒学的な書きぶりをかなぐり捨てて、人間的な憤激をあらわにしたマルクスの論述から一箇所だけ引用しておきます。子どもを好きなだけ長い時間はたらかせる自由を奪われれば、工場が潰れてしまう！　とする一八三三年の悲痛な叫びをとり上げたあとに『資本論』は書いています。

　この口実はその後の調査で真っ赤なウソとわかったが、それでも絹工場主たちは欲する特権を強奪した。かれらは、一〇年ものあいだ、椅子に乗せてもらわなければ労働ができないようなちいさな子どもたちの血から、毎日一〇時間ずつ絹を紡ぎとることを妨げられなかったのである。一八四四年の法律は、一一歳未満の児童を毎日六時間半以上はたらかせる「自由」をかれらから「奪い」はしたけれども、そのかわり、一一歳から一三歳までの児童を、毎日一〇時間はたらかせる特権を保証して、いっぽう他の工場児童については規定されていた就学義務を免除したのだ。こんどの口実はこうだった。
「織物の繊細さのためには指の柔らかさが必要であって、この柔らかさはひとえに早期から工場にはいることでのみ確保できるものである」。しなやかな指のために、子どもたちはみな屠られた。それは南ロシアで、有角家畜が、革と脂肪のために屠られたのと同様なのである。(K. I, S. 310)

マルクスの家系はさかのぼればユダヤ教のラビであり、父親は成功した法律家でした。盟友エンゲルスは工場主のむすこで、経営を学ぶためリヴァプールに送られています。ブルジョアジーの嗣子は、かつて次のように書きつけていました。「どのような事情があるにしても、子どもの肉体的ならびに精神的発達のためまるごと捧げられなければならない、子どもの時間を、情け知らずのブルジョアジーの貪欲の犠牲に供し、工場主諸侯の利益のために搾取する目的で子どもから学校と戸外の大気を奪いとることは、どうしても許しがたいところである」。両人はともに、時代の暗黒に目を凝らしていたのです(『イギリスにおける労働者階級の状態』)。

協業の一般的意義について

児童労働および過酷な長時間労働の問題が、かんぜんに過去の問題となったと主張することは、容認しがたい無知でなければ悪質な欺瞞です。子どもの尊厳すらいまだ商品となっていることも、ひろく知られているところでしょう。『資本論』を読むとは、ひとつには、マルクスの見てとっていた資本制の原初の光景、その暴力的な原像を、現在の風景のなかにも見とどけることです。この件をめぐっては、のちにべつの論点とのかかわりでもふれたいと思います。ここでは話をとりあえず先にすすめます。産業資本の生成と構造、その動態を把握するうえで重要となるのは(絶対的剰余価値ではなく)相対的剰余価値の増殖という問題の水準であると言いました。この論点にすこし立ちいっておきましょう。

相対的剰余価値を増大させ、剰余価値率を上昇させるためには、生産方法を変革する必要があります。まずはやはり、いわば原初の風景から確認しておくのが適切でしょう。とり上げておきたいのはマニュファクチュア(工場制手工業)の問題ですけれども、そのまえにいわゆる「協業Kooperation」一般のありかたから見ておかなければなりません。当面の問題は、資本制によって、生産現場での関係構造がどのように再編成されてゆくかにありますが、その最初の前提となることがらです。

資本制的生産の開始は、一個別資本が相当数の労働者を「同時に」はたらかせるようになることを条件とします。同時とは、ことばをかえれば「おなじ空間中で」ということですから、ここには時間と空間の再編成の問題が絡んできます(K.I, S. 341)。マルクスによれば、「おなじ生産過程で、あるいはことなっているとはいえ関連のあるいくつかの生産過程において、多くのひとびとが計画的に相互に並びあって、相互とともに労働する neben- und miteinander arbeiten」形態が協業と呼ばれます(*ibid.*, S. 344)。協業という労働のこの形態、すなわち空間的な併存と共存《ネーベン・ウント・ミットアインアンダー》が、生産現場の時間の流れを変容させ、空間のありかたを再編するのです。その変容と再編とによって、資本制的生産は労働過程そのものの「規模を拡大し、量的にかなり大きな規模で生産物を供給する」はこびとなるわけです(S. 341)。

協業の具体的形態について

たとえば個別的に作業する職人たちと、協業というしかたで労働する労働者とのあいだで、労働様式には差異がみられないとしてみましょう。それでも協業は「労働過程の対象的諸条件にひとつの革命を引きおこす」。二〇人の職人ひとりひとりが作業するためには二〇個の作業場をつくらなければなりません。これに対して、二〇人のたとえば織工が二〇台の織機で労働する一室は、空間的に拡大されるとはいえ、その設営のために必要となる労働は、時間的には縮小されます。多数の労働者たちが時間的な現在を共有しながら、おなじ空間ではたらく結果また建物や、原料等のための倉庫や、「多くのひとびとに同時に、または交替に役だつ、容器や用具や装置」つまり生産手段の一部が労働過程で共同に使用されて、かくて結局は節約されます。生産手段の節約はそして、生産される商品をより安価なものとし、他方では労働力商品の価値をも下落させるしだいになるでしょう(K. I, S. 343 f.)。テクストを引用します。

> 多くのひとびとがおなじ作業か、あるいは同種の作業を同時にたがいとともに遂行するにもかかわらず、各人の個別労働が総労働の部分として労働過程そのもののあいことなる局面を示していて、これらの局面を労働対象が、協業の結果としていっそう速く通過することがありうる。(中略)労働対象が同一の空間をより短い時間で通過するのである。他方では、たとえばひとつの建物がいくつものことなった方面から同時に着工される場合は、協業者たちは、おなじこと、あるいは同種の作業を遂行しているにもかかわらず、労働の結合が生じる。一四四時間の一結合労働日は、空間的に多方面から労働対象に着手する。(中略)そのような一結合労働日なら、くらべてより一面的なしかたでじぶんたちの仕事に着手しなければならないような、多かれすくなかれ個々別々な労働者の一二個の一二時間労働日と比較して、より迅速に総生産物を送りだす。
>
> (*ibid.*, S. 346)

途中を略した部分から、いちばん単純な例をとり上げておきましょう。たとえば煉瓦を足場の下から上まではこぶため、煉瓦積み工が多くの手で列をつくるとしてみます。煉瓦積み工の個々の作業は「ひとつの全体作業の連続的な諸部分」、つまりひとつひとつの煉瓦が労働過程で通過する、「べつべつの局面」をかたちづくっていきます。そのことによって「全体労働者Gesamtarbeiter」の、たとえば二四本の手は、足場をそれぞれに昇降しながら煉瓦をはこんでゆく、一二人のべつべつの労働者よりはるかに迅速に作業を遂行することでしょう(*ibid.*)。

協業は一方では、数的にひとつ、あるいは同種(種類としてひとつ)の労働過程を、時間的に分割し、それを空間的に並置します。マルクスが説いていたように、そのけっか「労働対象が同一の空間をより短い時間で通過する」わけです。

マニュファクチュアの登場とその意味

協業は一方では時間的な差異を空間的に並列して、他方では空間的な差異を時間的に統合します。協業はこうして、労働現場の空間と時間を再編するわけです。さらに決定的な変化が、とはいえ、マニュファクチュアの登場とともにあらわれることになります。マルクスの分析にしたがい、マニュファクチュアの登場が意味するところを見ておく必要があります。

マニュファクチュアとは、形式的にいえば「分業にもとづく協業」(K. I, S. 356) のことです。分業 (Teilung der Arbeit) は、スミスの division of labour の直訳で、マルクスはじっさい、実例を『国富論』からも拾っています。マルクスが念頭においているのは、一六世紀半ばから一八世紀後半の時代で、たとえばわずか一〇名の労働者が、一日に四八〇〇〇本ものピンを製造する過程がスミスを驚かせ、スミスを介してカントやヘーゲルの目をも瞠らせました。

ここでは馬車を製造するマニュファクチュアをとり上げてみます (*ibid*., S. 356 ff.)。馬車とは馬を動力とする車輛であると同時にいわば〝移動する部屋〟ですから、その製作に車工、馬具工から指物工、ろくろ工、レース工、ガラス工、画工、また塗工、メッキ工等々の、すべての工程が絡みあっています。ひとりの職人が馬車をつくっていた場合なら、馬車製造の工程は、線的で単一な時間のなかでおこなわれました。線的な時間であるぶん、その半面では、時間のなかには、ゆたかに多様な工程と身体運動が分散されていて、時間の濃淡、強弱もさまざまでした。「馬車にメッキすることは馬車がつくられてからでなければたしかにできない」からですけれども、「しかしたくさんの馬車が同時につくられるなら、或るものが生産過程のまえのほうの段階をとおっているあいだ、いつでもほかのどれかがメッキされていることが可能」となります。ひとつであった時間が分解されて、製造工程としては複数化された時間が並行して走ってゆくことになるわけで、その結果もたらされるものは労働過程そのものの単純化です。時間の複線化が身体運動それ自体の単線化を、それぞれに分散して、並行的に進行する工程のおのおのについて強いることになるのです。

マニュファクチュアの段階になると、多種的な手作業が引きはなされ、孤立化させられて、空間的に並べられ、「すべての作業が、いっしょに、協業者たちによって同時におこなわれるように」されます。つまり時間が空間化されるわけですね。ベルクソンふうにいえば、この le temps spatialise が、前期的な資本の実現する、それじたい時間化の作用です。こうして現出するのが、人間をその諸器官とする「一箇の生産機械《メカニズム》」ということになります。

マニュファクチュアにおける時間の変容と空間の再編

このメカニズムによって個々の作業は「よりすくない時間で」(K. I, S. 359) おこなわれるようになる。それればかりではありません。時間そのものが濃度と強度とを増してゆきます。時間が絞りとられ、搾りとられて、時―間 (entre-temps) が消去されてしまうのです。元来の手工業者ならば、作業を順次、時間の流れにあわせて継起的に遂行するのですから、そのさい用具をとり替えたり、場所を移ったりすることが必要となります。それは手工業者にとって、労働日のいわば「気孔」をかたちづくり、職人さんなら、たとえばタバコの一本も喫うことでしょうね。ところが、一日じゅうおなじ作業が継続してゆくことで、そのすきまが「圧縮」されます。すきまのこの圧縮(sich verdichten)は時間の濃度が増大すること《ジッヒ・フェルディヒテン》にほかならず、こうして帰結するのは労働の「強度」の昂進です。それは「空間的分離」の短縮であり、時間の間隙を消去することにほかならず、その結果は労働の強化となります(*ibid.*, S. 360 ff.)。

一定量の材料、たとえば製紙マニュファクチュアのぼろとか製針マニュファクチュアの針金とかの一定量をとってみれば、それは、その最終のすがたとなるまでに、いろいろな部分労働者の手のなかでさまざまな生産局面の時間的な順列を経過してゆく。これに対して、作業場をひとつの総体的メカニズムとしてみるなら、原料はそのすべての生産局面で同時に見いだされる。いろいろな細部労働者が結合されてなりたっている、全体的労働者は、道具で武装されたかれの多数の手のなかで、ひとつの部分では針金をつくり、同時にべつの手や道具では、針金をまっすぐにのばしており、さらにべつの手ではそれを切ったり、また尖らせたりしている。さまざまな段階的過程が、時間的な継起から空間的な並置へと変換される。だからこそ、おなじ時間の幅のなかで、より多くの完成品が供給される

(S. 364 f.)

のである。

傍点部で踏まえられているのはスミスです。マルクスの認定として重要なのは「さまざまな生産局面の時間的な順列」の空間的配列への解体という視点です。「時間的継起」が「空間的な並置」へと変容されるということなのです。こうした時間の空間への転換はしかも「おなじ細部作業に、おなじ労働者を釘づけすることによってのみ」(S. 365)達成されます。

マニュファクチュアとは、いわば前駆的な近代資本であるにすぎません。けれども、そこにあらわれているのはそれじたい生産機械《プロドゥクツィオーンスメハニスムス》、生産メカニズムであって、これはやがてそのまま、機械制大工場を可能とする社会的機構と化してゆきます。こうして、つぎに問題とされるべきは、機械と大工場をめぐるマルクスの分析であるというはこびとなるでしょう。

マニュファクチュアから機械制大工業へ

マニュファクチュア時代に「特種的な機械」とは、とマルクスは書いていました、「多数の部分労働者が結合された全体労働者そのものである」。それはほんらいの機械ではありません。とはいえ労働者はそこで「機械の一部分のような規則性をもって作用すること」を強制されるわけですね(K. I, S. 369 f.)。マニュファクチュアもその意味では人間を幸福にはしませんでした。マニュファクチュアは、労働者の身体動作を一面的なものとし、「部分労働者」としてしまい、労働者のひたいに「資本の所有物であることをしめす焼印を捺す」にいたるからです(*ibid.*, S. 382)。呪縛は機械制大工場へ引きつがれていきます。——マルクスはミルを引きながら、問題の箇所を以下のように書きはじめています。引用しておきましょう。

> ジョン・ステュアート・ミルは、その著書『経済学原理』のなかでつぎのように語っている。「すべてこれまでなされた機械の発明が、だれであれ、だれか人間の毎日の労苦を軽減したかどうかは疑問である」。
>
> だがこのようなことはけっして、資本制的に使用される機械の目的ではないのだ。その他の労働の生産力の発展がどれもそうであるとおりに、機械は商品を安価にすべきもの、労働日のうち労働者がじぶん自身のために必要とする部分を短縮し、かれが資本家に無償で与えるべつの部分を延長するべきものである。機械とは剰余価値を生産するための手段なのである。
>
> (K. I, S. 391)

機械もまた、人間を幸福にするものではありません。フロイトのことばをもじっていえば、資本制による世界創造の計画のうちに、人間の幸福はふくまれていないのです。

労働、道具、機械

ヘーゲルにイエナ草稿と呼ばれる手稿群があり、言語や労働にかんして、公刊された著作には見られない考察がふくまれています。ヘーゲルの分析はとりわけ、労働する「私」がじぶんと外的な事物とのあいだに「道具」を差しはさみ、労力を軽減しようとすることを「狡智」と呼んでいました。一般には歴史哲学の場面で有名となった理性の狡智という発想の原型です。ヘーゲルの考察は、やはりスミスを承け、初期資本制の労働現場のありかたに及んでいます。マルクスは草稿を目にしていませんが、哲学史的にも注目しておくべきことがらでしょう。

資本制的生産過程そのものへと立ちいるに先だってマルクスは、生産一般のありかたを労働過程論として分析していました。ここでかんたんに振りかえっておきます。

労働とは、マルクスによればさしあたり「人間と自然とのあいだの一過程」であり、自然と人間との「物質代謝」のプロセスです。人間が自然にはたらきかけることができるのは、とりあえず人間自身もまた一箇の自然であり、自然力をそなえているからにほかなりません。そのばあい人間の自然性とはその「身体性」のことです(K. I, S. 192 f.)。

たとえば採集経済にあっても、自然に自生している植物を刈りとることはすでに一種の労働です。穂を刈りとるためには、上腕の適度な力を植物の茎にくわえねばならず、農耕を開始して畑を拓くためには、根の張った大木を大地から切りはなさなければなりません。ここでは、自然力どうしが対峙し、人間は自然の自然力と、みずからの自然力を利用して労働します。

この件は、労働が機械化され、生産が産業化されるときでも基本的にはかわりません。マルクス自身のちに、生産期間と労働期間を区別して、後者はつねに前者の一部であるが、「逆に、資本が生産過程にあるすべての期間が、かならずしも労働期間であるとはかぎらない」と注記することになります。たとえばブドウ液の発酵過程や生産物の乾燥過程、漂白過程は生産過程であっても労働過程ではなく、資本制的な生産過程にあってなお自然過程は重要な制約となります。生産過程は自然過程を追いこすことができないのです(K. II, S. 241)。

当面の問題にもどりましょう。マルクスによれば、労働過程は労働そのもの、労働の対象、およびその手段という契機からなっています。労働対象へのはたらきかけにさいし、その媒介として役だつ「さまざまな事物の複合体」が労働手段と呼ばれますが、原初的にはもちろん、人間の身体器官それ自体が労働手段ですけれども、人間はやがて手の延長として道具を使用しはじめます。ここでも自然とりわけ土地が「根源的な武器庫」となります。さまざまな石器、木や骨や貝殻でつくられたもののほか、人類史にあってすでに永く「飼育された動物」、つとに労働をくわえられた動物が重要な労働手段となっているわけですね(K.I, S.193 f.)。

それでは、道具と機械を区別するものはなんでしょうか。A・ゲーレンも指摘しているように、ある意味で道具は、身体機能をつねに過剰に代替します。大地を掘りかえす鋤《すき》は、上腕によって加えられる力を凌駕して土にはたらきかけ、大地をならす槌ならば、足の裏では及びもつかない重量を地面に負荷します。道具の使用は人間を身体以上のものとするわけです。

機械が道具を超えでてゆくのは、一方でその動力にかんしてであり、他方ではその作動部分にかかわることでしょう。機械は原動機、伝動機構、さらに道具機または作業機からなりますが、とりわけ道具機は「以前に労働者が類似した道具で遂行していたのとおなじ作業をじぶんの道具で遂行する」メカニズムのことですけれども、決定的な変容がこの道具機とともにあらわれます。それは道具を人間から切りはなし、ひとつの機構へとゆだねて、人間の身体器官を機械の一部とするからです(*ibid.*, S.393 f.)。

それだけではありません。この段階ではじめて、蒸気機関が意味をもつことになる。原動機が水車や風車のように自然力に依存しているかぎりでは、機械の利用それ自体が自然力の分布によって決定的に制約されます。どこにでも落流が存在し、いたるところに適切な大気の移動があるわけではないからです。ここでやはりテクストを引用しておきましょう。

水力は、意のままに高めることも、その不足を補うこともできないものだった。水力はときどき涸れたし、なによりまず局地的な性質をもっていた。ウォットのいわゆる第二の複動蒸気機関の出現によってはじめてあらわれた原動機は、石炭と水を食って、じぶんでじぶんの動力を生みだして、その力がまったく人間の制御に服しており、可動的であるとともに移動の手段であり、都市的であって、水車のように田園的ではなく、水車のように生産を田園地帯に分散させず、都市に集中することを可能とし、その技術的適用という点で普遍的であり、その所在地にかんして局所的な事情に制約されることの比較的すくない原動機だったのである。　(S. 398)

「自然力」の利用としての機械制大工業

機械の発展は、地理的な配置をも塗りかえます。資源を均等化することで、空間そのものをここでも均質化してゆきます。ただしたとえば現在この国では、原子力発電所が都市ではなく海浜の未開発地帯にのみ設置されていることは、べつに注意すべきことがらでしょう。

本題にもどります。機械制大工場は生産様式の変革を引きおこします。ひとつの産業部面の変革はさらに他の産業部面でのそれを連続的に引きおこしてゆくわけです。たとえば機械紡績は機械織布を必要とし、その両者は漂白や染色における機械的・化学的革命を要求しました。たほう綿紡績の変容は原料の生産そのものを変更させ、やがて大規模な木綿生産を必要とするようになりました。工業は農業に影響し、両者の革命は「社会的生産過程の一般的条件、すなわち交通・運輸機関」へと革命の火を点じてゆくわけです。さらに河川汽船や鉄道や海洋汽船や電信体系が、しだいに大工場に適合的なものとなる。そのすべては膨大な鉄量を必要とし、巨大な鉄需要はさらに巨大な機械を要求するものとなってゆくはずです。かくて「機械により機械を生産する」ことがはじまり、かくてはじめて大工業は「それにふさわしい技術的基礎をつくり出して、みずからの足で立つ」ことになったとマルクスは言います（K. I, S. 404 f.）。

機械制大工業が、自然力の利用という点でも劃期的なものであった事情についても、ふれておくべきでしょう。もともとマルクスの見るところ、協業や分業から生じる生産力は「資本にとって一文の費用もかからない」社会的労働の自然力でした。いまや科学が、資本の利用する自然力のひとつとなる。自然法則を利用するには、それがいったん発見されれば「一文の費用もかからない」からです(*ibid.*, *S. 407*)。「大工業にあってはじめて、人間は、みずからの過去の労働のすでに対象化されている労働の生産物を、大規模に自然力とおなじように只で作用させるようになる」(*S.* 409)わけです。

機械による労働過程の変容——労働する身体の資本への従属

機械は一方では、労働時間を短縮するもっとも有力な手段です。機械は他方しかし「労働日をいっさいの自然的限界を越えて延長するためのもっとも強力な手段」ともなります。ひとつだけ理由を挙げるなら、機械の物質的損耗は、機械を使用することによっても使用しないことによっても生じるわけですけれども、機械は使用しつづけておくほうが自然力による浸食から守られ、くわえてまた「社会習慣上の《モラーリッシュ》」減価にそなえることもできるからです。機械はつまり陳腐化するまえに使いきられる必要があるからなのです(K. I, S. 425 f.)。

機械はだから第一に労働を外延的に強化して、労働時間を延長させる可能性がある。機械はたほうでは労働を内包的にも強化します。労働の強度もまた昂進する可能性があるわけです。マニュファクチュアによる時間と空間の再編を問題としたさい、労働時間の「気孔」について問題としておきました。機械制大工業はこの気孔をますます「濃密に充塡」して、労働を濃縮してゆくことでしょう。機械はたえず作動しつづけているからです(*ibid.*, S. 432 f.)。

ここからまたマニュファクチュアと機械制大工場の差異があらわれてきます。マニュファクチュアにあって労働者は、一定の部署へと釘づけになっていきました。機械制大工場ではそうした固定化の必要が減少していきます。単純労働が支配的な就労形態となりますから、資本はたえず人員交替をおこなうことができるわけです(S. 443 f.)。いっぽう、労働者たちは工場に、資本に「救いようもなく」従属することになります。「マニュファクチュアでは労働者たちはひとつの生きているメカニズムの手足となっている。工場ではひとつの死んだ機構《メハニスムス》が労働者から独立して存在しているのであり、かれらはこの機構に、生きている付属品として合体される」(S. 445)。——機械とは「剰余価値を生産するための手段」にすぎないとする、マルクスの認定にかんしては、すでに見ておきました(九九頁)。資本制的な生産はたんなる商品生産ではなく、「本質的に剰余価値の生産」だからです。労働者について言うなら、「生産的であるのはひとり資本家のために剰余価値を生産する労働者、つまり資本の自己増殖(Selbstverwertung des Kapitals)に役だつ労働者だけ」なのです(S. 532)。

絶対的剰余価値の問題は、過ぎ去った時間にぞくする〝未開の資本制〟の一エピソードではない。この間の消息をめぐって、まえにも注意しておきました。マルクスも、絶対的剰余価値が「資本制的システムの一般的基礎をかたちづくっており、また相対的剰余価値の生産の出発点も形成している」ことをみとめています。にもかかわらず相対的剰余価値という問題の水準が、ここでもやはり決定的に重要なのです。「相対的剰余価値の生産は、労働の技術的諸過程と社会的諸編成を徹底的に革命的に転換する」からです。そこから生まれるのは「労働の資本のもとへの実質的包摂」にほかなりません(S. 532 f.)。——機械制大工場にあってこそ、資本は圧倒的な力で労働を監視し、労働者の一挙手一投足に規律を強制する。一八六一—一八六三年草稿ではそれが「工場制度において完全に組織される資本の専制的支配と軍隊的規律」と命名されていました。フーコーならおなじことがらを端的に discipline と呼ぶことでしょう。

資本の「本源的蓄積」論・瞥見

資本の支配は工場の外部にも及びます。労働者は生産現場では「生産的消費」に従事して、商品を生産するいっぽう、労働力の対価として支払われた貨幣によって生活し、つまり労賃によって必要生活手段を購入するわけですが、この局面は労働者の「個人的消費」であることになります(K. I, S. 596)。では個人的消費にあっては、労働者は〝鋼鉄の檻〟から解放されるのでしょうか。労働者はじぶんのために飲み、食べることでしょう。しかし「たとえば役畜の食うものは役畜自身が享受するからといって、役畜のおこなう消費が生産過程にとって一箇の必然的な契機であることになんら変更はない」。ことは、それと同様なのだ、とマルクスは言います(*ibid.*, S. 597 f.)。労働者は奴隷ではありませんが、「ローマの奴隷は鎖によって、賃金労働者は見えない糸によって」やはり繋がれているのです(S. 599)。これが――みずからの労働力をじぶんで譲渡できる自由な人格であり、たほう労働力以外のいかなる所有からも自由な人格であるという「二重の意味で」自由な(S. 183)――労働者が手にする自由です。

このいみで自由な労働者をつくり出したのが、いわゆる「原始的蓄積」の過程でした。所論はよく知られているところですから、立ちいりません。一箇所だけテクストを引きます。モアは羊が人間を食うと語りましたが、やはり人間が人間を喰いつくすのです。

一九世紀に支配的だった方法の実例として、ここではサザランド女公の「清掃」だけで十分だろう。経済につうじていたこの人物は、公位につくと同時に堅く決意して、経済に根本的治療を施すことにし、以前のおなじような過程で住民がすでに一万五千人に減っていた全州を牧羊場に変えることにした。一八一四年から一八二〇年まで、この一万五千人の住民、約三千戸の家族が組織的に追いたてられて、根絶やしにされる。かれらの村落は残らず取りこわされ、焼きはらわれ、かれらの耕地はことごとく牧場に変えられたのだ。イギリスの兵士がその執行を命じられ、地元民と衝突するにいたる。一老婦は小屋を去るのを拒み、その火炎に包まれて焼け死んだ。かくてこの夫人は、いつからともないむかしから氏族《クラン》のものとなっていた、七九万四千エーカーの土地を手にいれた。（S. 757 f.）

念のため附言しておきます。戦後まもなく羽田空港が接収されたとき、住民は四八時間以内の退去を命令されて、着の身着のまま河川敷に移りすむことになりました。一九七一年三月、成田では、抵抗する農民たちが鎖でわが身を立木に括りつけていましたが、木々の多くは農民ごと伐りたおされていきました。これが資本制の存続とともに反覆されてきた、「地所の清掃」つまり「土地からの人間の掃き捨て」(S. 756) の方法の身近な実例です。

資本制の「人口法則」・瞥見

人間の掃き捨てはべつのしかたでも反覆されます。マルクスはその経緯をめぐっても考察をめぐらしていました。『資本論』の所論として有名な、「相対的過剰人口」にかかわる分析が、それに当たります。この件についても、ほんのすこしだけふれておきましょう。

資本が不変資本と可変資本とからなることは、すでに確認しておきました。両者の比率は、資本と生産の拡大・縮小にともない変更され、また好不況の波につれ変化してゆきます。したがってまた総資本が吸収する労働人口もそのつど増減し、膨縮をくりかえすわけです。その結果いわば周期的に産出されるのが、いわゆる相対的過剰人口です。これが「資本制的な生産様式に特有な人口法則」ということになります。そうやって弾きだされ、沈殿してゆく層が「自由に利用されうる産業予備軍」で、これは例外的な事態にみえながら、じつのところ「資本制的生産様式の一存在条件」にほかなりません(K. I, S. 660 f.)。この過剰が存在しなければ、資本は剰余を安定して生産することができず、不断の価値増殖過程としての資本の運動が連続的なものとなることもかなわない。かくて人間の掃き捨てと掃き集めが、労働人口の調節というかたちで生起します。現在の若年層の不安定就労問題の根にも伏在する事情でしょう。

論点は、とはいえここからです。相対的過剰人口のうちにいくつかの層を区別したのちに、『資本論』は書きとめています。引用しておきましょう。

さいごに、相対的過剰人口のいちばん底の沈殿物が住んでいるのは、受救貧民の領域である。浮浪者や犯罪者や売春婦等、簡単にいえば本来のルンペンプロレタリアートをべつにすれば、この社会層は三つの部類からなっている。第一は労働能力のあるものである。イギリスの受救貧民の統計にざっと目をとおしただけで、その数が恐慌のたびに膨張し、景気の回復ごとに収縮することがわかる。第二に孤児や貧児である。かれらは産業予備軍の候補で、たとえば一八六〇年のような大興隆期には急速に現役労働者軍に編入される。第三には堕落したもの、零落したもの、労働能力のないものである。（*ibid.*, S. 673）

引用には微妙なところがあります。エンゲルスの（反革命のにない手としての）「歴史なき民」への言及とならんで、マルクス／エンゲルスの視線のありかたが問題となるからです。四八年革命で、〝歴史なき民〟がバリケードの内側でも銃を取っていました。六八年革命に引きつづく社会叛乱の季節、寄場の自由労働者たちは、スコップや鶴嘴を武器として、蜂起を繰りかえします。かれらはもちろん、歴史を切りひらこうとしていたわけです。とはいえ現在では、たとえば山谷や釜ヶ崎地区で、居住者の高齢化も深刻な問題となっています。

中間考察――空間と時間について㈡

本章の主題は時間の変容と空間の再編でした。本題からやや遠いものであるかに見える話題が重なりましたので、ここでいわば中間考察をはさんで話頭をもどしておきます。

本章では第一にいわゆる「労働日」の問題にすこしだけふれ、絶対的剰余価値を取得しようとする初期資本制が、労働者の時間をどれだけ過酷に支配しはじめようとしたのかを、挿話的にのみ見ておきました。これはマルクスのモチーフにふれる部分でもあったと思います。第二に『資本論』の理論構成という面で当面の主要な論点となる、相対的剰余価値の問題と関連して、労働現場における時間の変容と空間の再編という論件を問題としてきたわけです。具体的にはマルクスにならって、「協業」の導入による労働過程の時間的分割とその空間的並置から、考察を開始しました。これは資本の時間と空間とのいわば雛型をかたちづくるものとなるはずです。さらに工場労働の原初の風景を与えるものとして、マニュファクチュアの光景を問題としました。マニュファクチュアにあって、決定的なかたちで登場するのは「空間化された時間 le temps spatialisé」です。ただしベルクソンの認定とはことなり、この時間は「等質的環境」ではありません。むしろさまざまな濃度によって切りわけられて、その強度を昂進させてゆく時間となります。第三に、これまでのところ最後に主題としたのは、マルクスにとっての眼前の現実、つまり機械制大工場の展開でした。問題の焦点との関係だけ反覆しておけば、機械制大工場の現場こそが、マニュファクチュアによって開始された、時間の変容過程、凝縮過程の

（マルクスにとっては）終着点でした。その帰結を、空間の再編にそくして描きだしている、

『資本論』のテクストの一部分を引用しておきましょう。

四季の移りかわりにも似た規則正しさでその産業死傷報告を生みだしている、密集した機械設備のなかでの生命の危険はべつとして、人工的に高められた湿度や、原料のくずでいっぱいになった空気や、耳をも聾するばかりの騒音などによって、すべての感覚器官は一様に傷つけられる。工場制度のもとではじめて温室的に成熟した社会的生産手段の節約は、資本の手のなかで同時に、作業時における労働者の生活条件、すなわち空間や空気や光線の組織的な収奪となり、また労働者の慰安設備などまったく論外であるとして、生命に危険な、または健康に有害な生産過程の諸事情に対して人体を保護する手段を収奪することになる。（K. I, S. 448 f.）

資本の循環と流通過程の問題へ

資本による時間と空間の再編成は、工場の内部にとどまりません。その点を、こんどは挿話的にではなく見ておくため、『資本論』でいえばその第二巻の問題領域に立ちいっておく必要

があります。背景について、最低限必要なことだけしるしておきましょう。

産業資本をとり上げてみると、生産過程にあって資本はまず貨幣(G)として市場にすがたをあらわし、そこで生産要素(生産手段Pmおよび労働力A)を購入し、生産過程を経て、商品(W)をふたたび市場に提供します。産業資本は、ですから貨幣、生産要素、商品という三つの形姿を遍歴し、つぎつぎにメタモルフォーゼをかさねてゆく自己運動する価値増殖体というかたちで立ちあらわれるわけですが、『資本論』第一巻で考察されたのはその生産過程(P)であったしだいとなります。第二巻では流通過程が、しかも生産過程をうちに包みこんで循環と再生産をくりかえすすがたで問題となるわけです。資本の運動G—W…P…W′—G′は、この点を考えあわせてその全体を捉えかえすと、以下のように表示されるはずです。

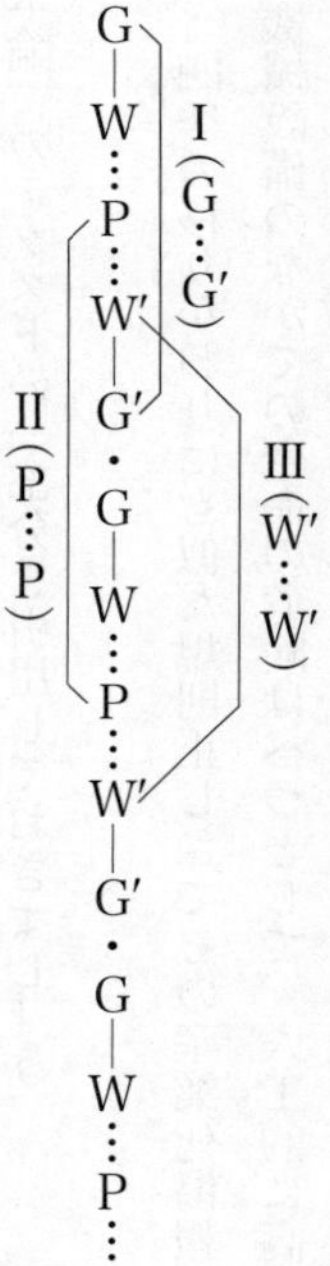

右図でⅠは「貨幣資本」の循環を、Ⅱは「生産資本」の、Ⅲは「商品資本」のそれを示しています。それぞれについてマルクスは立ちいった規定と説明を与えていますけれども、ここではその紹介は省略し、そもそも資本はなぜ、その流通過程においてあらためて問題とされなければならないのかを、まず考えておきます。

流通過程としての資本の意味

理由はさしあたりふたつあります。ひとつには、直接的生産過程にあって問題とされた価値増殖過程は、流通過程に媒介されることによってのみ実現されるからです。資本が価値を増殖するためには、生産された商品がじっさいに貨幣へ転化しなければなりません。W'—G'というメタモルフォーゼ、商品のこの「命がけの跳躍」が実現しなければならないわけです。

第二に、流通過程を考察することではじめて、資本はその運動過程にあって十全なすがたであらわれるからです。第Ⅰ章で、商品とは運動であると説いた一件を想いおこして頂きたいと思います。この点はたんに経済学的あるいは経済学批判的に重要であるばかりでなく、資本をめぐるマルクスの原理的思考にあっても枢要な意味をもっています。

たとえば貨幣はそれ自体としては資本ではありません。一定の貨幣量は、それが資本の運動のなかに置かれるときはじめて資本となるのです。貨幣は資本の運動のうちで機能するとき、そのときにかぎって資本の一相面として、すなわち貨幣資本としてあらわれます。おなじように労働力は、それが労働者のもとであくまで可能性（ポテンシャル）に止まっているかぎりでは、どのような意味でも資本ではなく、生産手段もそれが放置されているかぎりは、なんら資本とはなりません。同様にまた商品は、それが生産されて、工場外に排出されたすがたにおいてはいまだ資本ではありません。市場に登場し、流通過程のなかで販売され、その価値の可能性が現実性へと移行する運動のなかでこそ、商品資本としてあらわれるわけです。

貨幣は貨幣として存在するだけでは資本ではない。貨幣資本としてあらわれ、運動するときにかぎり資本となります。この件を生産資本の運動場面でより具体的に考えておきましょう。生産資本の循環P…W′—G′—W…Pはつぎのように表記されます（K. II, S. 79）。

$$P \cdots W' \left\{ \begin{matrix} W \\ + \\ w \end{matrix} \right\} \begin{matrix} - \\ \\ - \end{matrix} \left\{ \begin{matrix} G \\ + \\ g \end{matrix} \right\} \begin{matrix} - W < \begin{matrix} A \\ Pm \end{matrix} \cdots P \\ \\ - w \end{matrix}$$

右側のW―G―Wでは、G―W中のGは、たんなる貨幣としてではなく資本として、つまり貨幣資本として作動しています。Gは生産手段(Pm)と労働力(A)の購入に充てられて、両者がまた生産資本Pを形成するからです。これに対し、左側のw―g―wはたんに「資本家の個人的消費」を示しているにすぎず、そこであらわれるgは貨幣資本ではありません。ここで貨幣は、資本としての資本の循環の外部へと脱落してゆくわけです(*ibid.*, S. 75)。

資本にとっての運動、空間、時間をめぐって

貨幣は資本の回転のなかでそれじしん運動し、循環するかぎりで資本、貨幣資本です。この論点、つまり運動という問題を資本一般について概括的なしかたで考えてみましょう。

資本は貨幣資本として市場にあらわれ、生産資本として商品を生産し、商品資本のかたちでふたたび市場に登場します。貨幣資本、生産資本、商品資本は一一四頁の図のようにそれぞれメタモルフォーゼを反覆してゆきます。そればかりではありません。「現実にはどの個別的な産業資本も三つの循環のすべてを同時におこなっている」。たとえばいま商品資本として作動している資本価値の一部分は貨幣資本へと転化するとして、それと同時に、他の一部分が生産資本によって産出されたあらたな商品として流通に参入します。こうして資本の循環は全体と

して、「連続性」を達成します。つまり途切れることなく循環してゆきます。「一方の手で貨幣が前貸しされ、他方の手では貨幣が受けとられる」。或る一点で循環G…G′が開始されていると同時に他の一点ではおなじ循環G…G′が回帰し、終了しています。これはP…Pについても W′…W′にかんしても同様です(K. II, S. 106 f.)。ここからふたつのことがらが帰結します。ひとつには、三つの循環が同時に並行しているのですから、各部分が併存するため「資本を分割すること」が必要となります。分割が生産と流通、貨幣の回収の連続性を可能としているわけです。もうひとつに、このような連続性を可能とする各部分の併存はたんなる空間的な並列ではありません。それはむしろ「ただ資本の諸部分が、つぎつぎとべつべつの段階を通過してゆく運動によってのみ存在する」。資本の各部分の併存を可能とするのは、それじたい時間的な運動であって、「並列はそれ自身、この継起の結果であるにすぎない」。空間の配置(貨幣資本、生産資本、商品資本の併存)は時間的作用(資本の運動)の成果にほかならない。だからまた「継起の停滞は、どのようなものであれ並列を攪乱することになる」。たとえば、商品の滞留や貨幣調達の遅延が「全体の総循環」に対して停滞をもたらすことになるわけです(*ibid.*, S. 107)。

資本は、全体として、空間的にべつべつの段階へ同時に置かれています。この「同時性」という空間的な形式は、時間性の様態のひとつ、時間的な現在の形式です。しかも同時性という空間の形式は「継起」という時間的な差異によって「媒介」されています(S. 108)。

資本の運動の連続性を可能とするのは、各資本部分の併存という空間的な同時性です。この同時性を、さらに時間的な連続化が可能としている。時間的な契機は、とうぜんしかし同時に連続性を切断するものとなることもあります。たとえば農業や漁業などのように「季節に左右される生産部門」では、連続性はいわば定期的に中断されます。それは「自然条件」にも由来しますし、ときとして「慣習的な事情」に起因することもあります(季節労働など)。がんらい鉱山業は、基本的にこのような時間的な揺らぎから自由であって、貪欲に労働力を呑みこんできました(S. 109 f.)。機械制大工場がそのような時間性すら遮断して、空間を再編してゆくことは、引用にそくしてすでに見ておいたとおりです(本書、一一三頁)。

運動と生成としての「資本」――当面のまとめとして

右でふれた資本の循環の連続性の問題は、それだけで考えると、たんに資本にとっての剰余価値が連続的に取得されること、つまり資本にとっては利潤が間断なく還流する条件にかかわり、資本の事実としての存続にだけ関係しているように見えます。この件は、しかしほんとうは資本をめぐる一箇の原理的な事情とかかわっているのです。資本循環が中断と停滞をふくみながらも連続的であることは、資本が静止した事物ではないことを示しているからです。

本書の頭初で見ておいたとおり、商品とは商品となってゆく運動です。そして商品は、それが資本制的生産の商品であるかぎり、商品資本というかたちを採った資本形姿のひとつです。資本もかくて事物ではなく運動であり、たえず更新される生成にほかなりません。あらためてテクストを引用しておきましょう。マルクスそのひとが、当面の資本の循環論にあってこそ、資本の動的性格を強調している、その間の消息をしめす部分です。

> みずから増殖する価値としての資本は、階級関係を、賃労働としての労働の存在にもとづく一定の社会的性格をふくんでいるばかりではない。それは一箇の運動であって、さまざまな段階を通過する循環過程であり、この過程はそれ自身また、循環過程の三つのことなった形態をふくんでいる。だから資本はひとえに運動としてのみ理解しうるのであり、静止している事物としては理解できないのである。価値の独立化をたんなる抽象とみる者たちは、産業資本の運動がその現実態においてこの抽象だというしだいを忘失している。価値はここではさまざまな形態と運動を通過してゆくのであり、この運動のなかでじぶんを維持すると同時にみずからを増殖し、拡大するのである。
>
> (K. II, S. 109)

資本とは「みずから増殖」する価値のことです。そうした資本はたんに「運動としてのみ nur als Bewegung」存在しており、「したがって静止している事物としては理解できない kann daher ... nicht als ruhendes Ding begriffen werden」。資本制における価値を自己増殖するものとしてとらえること、つまり「価値の独立化」はたんなる「抽象」ではありません。資本の運動は「その現実態において *in actu*」この抽象、すなわち「運動のなかで」みずからを維持し、増殖して拡大する、不断の生成にほかならないわけです。

本書のはじめの部分でふれておいた、アリストテレスの議論をここで想起してみてください（九頁）。アリストテレスは、運動するものはいつでも可能性《デュナミス》において存在しつづけ、可能性のなかに存在することだけがその現実的《エネルゲイア》なありかたである、と論じていました。資本はその意味で運動し、不断にあらたに生成することで資本であり、みずから増殖してゆくわけです。

資本の二局面――生産期間と流通期間

資本にとっての時間の流れを、右でみたことがらとの関連で捉えなおしてみましょう。すると資本にはふたつの時間が、生産期間と流通期間とが存在することがわかります。

資本は、生産部面と流通部面というふたつの段階を経過します。生産部面にあるとき資本は「生産期間」つまり生産という時間《ツァイト》のうちにあり、資本が流通部面に留まっている時間が資本の「流通あるいは通流期間」となるわけです。「資本がその循環を描く総期間《ツァイト》は、かくて生産期間と流通期間との総計にひとしい」(K. II, S. 124) とマルクスは言います。

生産期間と流通期間はたがいに両立しません。製造が終了しなければ商品は市場に参入できないからです。そのうえマルクスの視点からすれば、「資本はその流通期間には生産資本として作動せず、したがって商品も剰余価値も生産しない」ことになります。また、資本の一部がつぎつぎ連続的に循環を反復するとして、その部分のどれかが流通部面に留まっている時間が長いほどに生産局面で機能する資本部分は縮小されます。「流通期間の膨張と収縮はそれゆえ、生産期間の、あるいは与えられた大きさの資本が生産資本として作動する範囲が収縮し、また膨張することに対して、消極的な制限として作用する」わけです。「資本の通流期間はかくて一般に、資本の生産期間を制限し、かくてまた資本の価値増殖過程を制限する」(*ibid.*, S. 127 f.)。

目につきやすいところで、貨幣資本から貨幣資本への循環を考えてみます。貨幣資本Gは、生産期間と流通期間をへて貨幣資本G′＝G＋⊿Gとして回帰してきます。これが貨幣資本の循環で、貨幣資本が当の循環を繰りかえすことがその回転です。当然のことながら資本の回転回数が多いほど、あるいはその回転速度が速いだけ、剰余価値⊿Gを取得する可能性が増加します。いま生産期間は不変であるとすると——生産過程は究極的には自然過程を追いこすことができないとすれば（本書、一〇一頁）、ある種の産業部門についていえばこの仮定にも一定の妥当性があります——、流通期間がゼロかゼロに接近するほどに、資本の回転数は増大し、その生産性と自己増殖の度合いは拡大してゆくことになるでしょう。ここにはしかしいくつもの制約があります。資本の流通局面には、固有の困難があるのです。

流通局面の困難——回帰する「命がけの跳躍」

ていねいにいうなら、流通局面のなかで資本はG—W（＝Pm＋A）とW′—G′を通過することになります。資本の流通期間はふたつの部分、つまり資本が「貨幣から商品に転化するのに必要な時間」と「商品から貨幣に転化するために必要な時間」に二分されるからです。この二者のうち後者つまり「売り」、この命がけの跳躍が「資本のメタモルフォーゼのうちもっとも困難な部分」であって、だから通常は前者（買い）にくらべて長期化する蓋然性がたかいはずです。一般に一方の側（ここでは資本）におけるW—Gともう一方の側（たとえば消費者）にあってのG—Wは「時間的に分離されていることがありうるように、空間的に分離されていることもありうる」。これが第一の制約です。販売と購買とのあいだの時間的隔たりは〝跳躍〟を遅滞させ、空間的距離は時間を介したその克服を要しますから、ふたたび時間的な差異を増幅させるほかありません。跳躍は、かくしてますます困難になります。それればかりではありません。資本による買い、つまりG—W(ここではPm+A)はGの価値増殖のために必要な行為であるとはいえ、剰余価値の実現ではないのに対して、売り、すなわちW′—G′は同時にW′にふくまれている剰余価値そのものの貨幣による実現です。ですから、W′—G′はG—Wよりも困難であるだけでなく重要であり、要するに「売りは買いよりも重大」なのです(K. II, S. 128-130)。

ここには流通費の位置づけ、在庫形成の意味づけ等、経済学的に重要な論点がいくつか絡んできます。その諸論点には——たとえば剰余価値を実現する流通過程そのものを利潤の源泉であるかのように見あやまる立場を斥ける点では(*ibid.*, S. 128)——、経済学批判としても枢要な視点が存在しているのです。ここではとはいえそうした案件に立ちいることは割愛し、流通費を一般に「空費 faux frais」と見なすマルクスが、運輸費用だけは別あつかいしているしだいに注目しておきたいと思います。そこではまた時間を変容させ、空間を再編して、世界の風景を塗りかえてゆく資本制の強大な力に対するマルクスの驚きと、問題を原理的な次元でも考察してゆくその慧眼が光っているように思われます。

「運輸費用」をめぐるマルクスの説明について

労働とは、人間と自然とのあいだの「物質代謝」の過程であるとするマルクスの視角にかんしては、すでにふれておきました。（本書、一〇〇頁）。これに対して流通とは社会的な「物質代謝」の一部であり、その代謝は基本的には「空間変換 Raumwechsel」として生起します。本章の問題意識にとって重要な注意を繰りかえしておけば、この空間変換はまた時間的差異を利用して稼働し、変換される空間点は時間の経過を前提として結合されます。

ただし、流通が空間的移動をふくまない事例もあります。家屋の販売や、綿花や銑鉄などが投機的に売買されるケースです。後者のような「可動的商品価値」であっても、「おなじ商品倉庫に居すわっていながら、おなじ時間にいくつもの流通過程を通過し、投機師たちによって買われ、また売られる」。たほうインカ帝国では、商品生産はおこなわれておらず、そのうえ商品交換すらも不在であったにもかかわらず運輸業が大きな役割を果たしていたことに注意したのちマルクスは、運送過程に帰属するとくべつな意味へと説きおよんでゆくことになります（K. II, S. 150 f.）。テクストを引用しておきましょう。

生産物の量は、運輸によって増大することはない。また、運輸によって引きおこされるかもしれない生産物の自然的性質の変化も、ある種の例外をのぞくなら、意図された有用効果ではなく、回避しがたい災厄である。しかし事物の使用価値はその消費によってのみ実現されうるのであり、その消費のためには事物の場所が変化すること、したがって運輸業の追加的生産過程が必要となることもありうる。運輸業に投下された生産資本は、かくして、一部は運輸手段からの価値転移によって、一部は運輸労働を介した価値付加をつうじて、輸送される生産物に価値を付けくわえる。このような運輸労働による価値付加は、すべての資本制的生産にあってそうであるように、労賃の補塡と剰余労働とに分かれるのである。

(*ibid*., S. 151)

すこしわかりにくいかもしれませんが、要するに運輸労働は生産的労働の一部となりうる、とマルクスとしては主張しているわけです。商品は最終的には流通過程から脱落して消費過程にはいることで、その「使用価値」を実現します。消費地点にまで商品を移すことは、だから生産過程の延長とみなすことができるというわけです。なぜなら「生産物はこの運動を完了したとき、はじめて消費のために完成している」(*ibid.*)から、ということになります。

流通とは「商品がじっさいに空間中を走りまわること」です。この空間運動を、交通と運輸の発達が時間的に短縮します。運輸業は、だからそれ自体「ひとつの独立な生産部門」であり、かつそれは同時に「流通過程の内部の、また流通過程のための生産過程の継続としてあらわれる」とマルクスは主張してゆきます(S. 153)。

「時間によって空間を絶滅すること」

たとえば狩猟＝採集経済にあって、実質的にエコノミーの基軸となるものは採集活動です。採集という生産活動にあって、その主要な契機は食料となるものが自生している場所まで足をはこんで、採集された食物を住居まではこぶという行為をふくんでいます。レヴィナスが説いていたように、運搬することがここでは労働することであり、生産することです。狩猟＝採集経済とは言いますが、よく指摘されるとおり、じっさいは多くの狩猟＝採集経済において採集活動のほうが安定的に食糧を提供しますし、物質的生活という面では狩猟活動は副次的な役割を占めるにすぎません。狩猟活動の重視には(狩猟行動を〝男性的な〟活動とみなす)ジェンダー・イデオロギーが潜んでいる可能性もあるのです。

当面の場面に問題を限定しましょう。マルクスが、流通局面のうちで運輸費用のみを生産的支出のうちに数えいれたとき、その思考の視界のうちに捕えていたものは、とりわけ近代的な運輸業の意味、端的にいうなら鉄道に象徴される交通形態であったと思います。じっさいマルクスは『資本論』のいたるところで鉄道に注目しているのです。たとえば『資本論』はマニュファクチュアを論じるにあたって、やや文脈を逸脱して機関車をかたちづくる膨大な数の部品についてふれています(K. I, S. 362)。資本の集中との関連で『資本論』が特権的実例として言及するのも、鉄道の敷設です(K. II, S. 236)。マルクスがその主著を準備して、執筆していた時代、鉄道網の整備が一国内の交通形態に急激な変化をもたらしはじめていたのです。マルクスはいわゆる『経済学批判要綱』の流通論で、つぎのように書いていました。これもよく知られているテクストですけれども、引用しておきます。マルクスは、目のまえを黒煙をあげて疾走する列車のすがたのかなたに、航空機が世界中をむすび、電信システムが空間的な隔たりを最小化してゆく未来をも見とおしていたかのようです。

資本はかくて一面では、交通すなわち交換に対する場所的制限のすべてを取りはらい、地球全体をみずからの市場として獲得しようとつとめないではいられない。他面で、時間によって空間を絶滅しようと、すなわち或る場所からべつの場所への移動に要する時間を最小限に縮減しようとつとめるのである。資本が発展すればするほど、かくしてまた資本が流通する市場が、資本の流通の空間的な軌道となる市場が拡大すればするほど、同時に資本は市場をますます大規模に空間的に拡大しようと、また空間を時間によってますます大規模に消滅させようとつとめるのだ。（中略）ここに資本の普遍的傾向があらわれ、この傾向が資本を、それに先行するあらゆる生産段階から区別している。

時間によって空間を絶滅する(den Raum zu vernichten durch die Zeit)とは、空間的差異を、時間的差異を利用して、後者の差異を縮減しながら抹消してゆくことです。資本制のこの一般的傾向は「地球全体をみずからの市場として獲得」するまで継続されてゆきます。おなじ手稿が説いていたように、経済とは最終的に「時間のエコノミー」に帰着するからです。

「近さへの傾向」と「距たりを取りさること」

交通は空間を再編します。しかも不均等なしかたで再編します。自然的空間の距離が、交通と通信のシステムの伸長につれて、いわば曲率をことにしながら変様してゆくわけです。運輸方法と交通機関の改良は、空間的な距離を「絶対的に短縮する」。しかし、その改良が「流通期間の相対的な差」を解消することはありません。「たとえば帆船や汽船の改良が旅行を短縮するとすれば、それは近い港への旅も遠い港への旅もおなじように短縮する」わけです。問題は、とはいえそのさい「相対的な差は、運輸交通機関の発達によって自然的な距離には一致しないかたちで変更されることもありうる」ことです。たとえば鉄道網の濃淡によって、国内の各地のあいだの相対的な隔たりが、物理的な距離には対応しないしかたで、人為的に短縮されます。こうして「運輸交通機関の変化につれて古い生産中心地が滅びて、あらたな生産中心地が勃興する」こともありえます。それでも一般的には「運輸機関の発達と同時に、空間運動の速度は高められて、かくして空間的な距離が時間的に短縮される die räumliche Entfernung zeitlich verkürzt」わけです(K. II, S. 252 f.)。

人間には「その本質からする近さへの傾向が存している。あらゆる種類の速度の昂進は——私たちは今日、多かれすくなかれ強いられ、それに参加させられているのだ——距たっていることの克服へ駆りたてる」。資本制自体の発展にともない、空間的距離はその距たりを不均等なしかたで取りさられる。すなわち距て遠ざけ《エントフェルネン》られ、また距てを遠ざけ《エント‐フェルネン》られる。この最後の引用だけ、『資本論』からのものではありません。ハイデガー『存在と時間』の一節です。

背景にある時間の変容でした。まとめにかえて、『資本論』から引用しておきます。

集中へと繋がります。本章で問題としてきたのは、とはいえ主要には空間の再編であり、その

帰結するのは、直接にはいくつかの次元にわたる集積と集中で、それらは最終的には資本の

集積と集中――時間操作による空間の再編

一方では、或る生産地がより多く生産するようになり、より大きな生産中心地となるにつれて、第一に、運輸機関の機能する頻度が、たとえば鉄道の列車本数が増加して、その増加は、既存の販売市場への方向に、すなわち大きな生産中心地や人口集中地や輸出港等に向かっておこなわれる。しかし他方では、これとは反対に、このように交通がとくべつ容易であることや、それによって資本の回転が(流通期間により制約されるかぎりでは)速められることは、一面で生産中心地の集積を促進し、他面でその市場地の集中を促進する。このように与えられた地点での人口と資本量の集積が促進されるにつれ、少数の手のなかでのこの資本量の集中が進行してゆく。同時にまた交通機関の変化につれて、生産地や、市場地の相対的な位置が変化することによって、ふたたび変転や移動が生起する。かつてはその位置が国道や運河に沿っていることによって特別に有利な地位を占めていた生産地

が、いまでは相対的に大きな間隔をおいて運転されるだけのただ一本の支線に沿っているいっぽう、かつてならば主要交通路からはまったく距てられていたべつの地点が、いまや何本もの鉄道の交差点にあたっているのだ。後者の地方は繁栄し、前者の地方は衰退してゆくのである。

(K. II, S. 253)

交通機関ならびに運輸機関(Kommunikations- und Transportmittel)が発達するにつれ、生産地点と市場とが結合され、あわせて両者を集積させて、都市が双方に成長することを助長していきます。空間のいわば濃度を塗りわけ、世界の風景を描きあげてゆく機能すら、いまや資本が握ってゆくことになります。資本はしかも、自然的な時間のかたちを変容させ、時間作用のありかたを変化させ、つまりは時間を操作することをつうじて、世界の空間的な布置を変更してゆくわけです。こうして資本は(ヘーゲルの表現を使うなら)「神の手からやってきたかのように、世界のなかを、それがじぶんのために育てあげられた庭園であるかのごとくに闊歩する」(『精神現象学』「啓蒙」章)にいたったのです。

第Ⅳ章　市場と均衡——近代科学とその批判

マルクス(後列右)とエンゲルス(後列左)，マルクスの娘たち(左から次女ローラ，末娘のエリナ，長女ジェニー)［ロンドン，1864］

「科学的社会主義」と「マルクス(主義)経済学」

エンゲルスに『空想から科学へ』(正式書名は『ユートピアから科学への社会主義の発展』です)と題された啓蒙書があります。一八八二年にドイツ語版が出ています。かつていわゆるマルクス主義入門書としてひろく読まれたものです。これは『反デューリング論』という標題の論争書のいわばダイジェスト版で、その背後には、遺稿『自然弁証法』にもみられる当時の先端科学への、稀代の秀才エンゲルスによる理解が控えていることについては、公平のため言いそえておく必要があります。

〝マルクス主義〟がときに科学的社会主義(wissenschaftlicher Sozialismus)と呼ばれるのは、先だって出版された『空想と科学』フランス語版(一八八〇年)へのマルクスの「序文」でも、「科学的社会主義 socialisme scientifique」ということばが使われていることにも由来するものでしょう。この件は、マルクスの思考をめぐって、いくつかの不幸な誤解を生んできたように思います。ひとつだけ挙げておけば、マルクスを科学主義者とみなす誤読です。

これもむかし話めきますけれども、かつてこの国の多くの大学の経済学部で〝近代経済学〟と〝マルクス(主義)経済学〟がならび立っていた時代がありました。後者が、いまやほとんどすがたを消してしまったのはべつの意味での不幸ですけれども、『資本論』におけるマルクスの思考を〝経済学〟と呼んですませてしまうとすれば、これもまたあきらかな誤読です。くりかえしておけば、マルクスは主著の刊行に先だち『経済学批判』と題する一書を世に送りだしており、『資本論』もまた「経済学批判 *Kritik der politischen Ökonomie*」という副題を有していたからです。言わずもがなの註釈を付しておくなら、本書では前章までの展開にあっても、かつての「科学的社会主義」とも「マルクス経済学」とも距離をとってマルクスの思考、とりわけ『資本論』の哲学を問題としてきたつもりです。

マルクスの「科学」観・瞥見

本章では手はじめに、第一の問題にかかわることがらから見ておきましょう。ただし、最初に断っておきますけれど、マルクス／エンゲルスの時代にはまだ今日いうところの science という語は安定的な意義をそなえておらず、とりわけドイツ語の Wissenschaft には科学というよりむしろ体系知、学あるいは学問という伝統的なニュアンスが強く残っていました。

マルクスには『資本論』を準備する過程で書きのこされた膨大な遺稿があり、現行の『マルクス／エンゲルス全集』(いわゆる新 MEGA)第二部で順次活字化されています。大きな手稿群である一八六一―一八六三年草稿には、つぎのような一節があります。

自然のさまざまな動因の応用――いくらかはその資本との合体――は、生産過程の独立した一要因としての科学の発展と重なってくる。生産過程が科学の応用となるなら、逆に科学は生産過程の一要因、いうなればそのひとつの函数となる。発見は、そのことごとくがあらたな発明の、あるいはあらたに改良された生産方法の基礎となる。資本制的な生産様式がはじめて、さまざまな自然科学を直接的な生産過程に役だてるのであるけれども、たほう逆に、生産の発展が自然の理論的征服にその手段を提供するのだ。科学は富の生産手段となる使命を身におびる。つまり致富の手段となるのである。この生産様式にあってはじめて、科学にもとづかなければ解決できない実際上の諸問題があらわれてくる。その経験と観察――そして生産過程そのものの必要――が、いまやようやく科学の応用を可能とし、また必然的なものともする一段階に〔到達したのである〕。

つづけてマルクスは書いています。この件が意味するのは、資本による「科学の、この人類の理論的進歩のあくなき利用」にほかならない。とはいえ「資本が科学を創造する」わけではない。むしろ「資本は科学を徹底的に利用し、科学を生産過程に従属させる」のです。科学主義という規定にはあいまいなところが多く、それじたい多義的な呼称です。認識一般にかんする特権的なモデルとして自然科学を採用することも科学主義と呼ばれますし、およそ科学とその進歩をめぐって批判的視点を欠いている立場をさして科学主義と称することもあります。とりあえずそのいずれの意味においても、マルクスの原理的な思考をさして科学主義というレッテルを貼ることはむずかしいと思います。むしろ右の引用のうちにあらわれているのは、資本制的生産様式という特殊歴史的な与件と科学＝技術との密接なかかわりを読みとろうとする姿勢であって、前者に対するマルクスの立場が批判的なものであることの函数として、後者にかんするその視点も無批判的なものではありえないことはむしろ自明です。

マルクスと古典派経済学との関係について㈠――ペティ、ケネー、スミス

ついでに言っておけば、かつてマルクスの思考を目して産業主義とみなしたり、生産力主義と考えたりする見かたがひろまったこともあります。原則的な次元についていえばこれが一箇の誤解ないしは曲解であるしだいは、前章で見てきたところからあきらかであると思いますので、ここでは立ちいりません。

第二の問題をめぐって事情はすこし複雑になります。経済学史の教科書をひらいて見れば、マルクス〝経済学〟が古典派経済学のなかに位置づけられてもいるからです。

マルクスが先行する経済学説を網羅的に研究し、みずからの思考の糧としていたことにかんしては、言うまでもありません。とりわけペティについてマルクスは、労働と土地を経済的富の父母に喩えた先見をたたえているばかりでなく(K. I, S. 58)、経済学を独立の科学として分離した功績を賞賛しています(『経済学批判』)。スミスからの影響については、申しそえるまでもないでしょう。『経済学・哲学草稿』の主要部分は『国富論』よりの抜書からなり、マルクスにおける経済学批判の成熟過程自体、スミスとの対決を抜きにして考えることができません。

ここではとくにケネーからのインパクトをめぐって、ひとこと注意しておきます。ケネーにかんしてマルクスは、その「経済表」を「異論の余地なく、もっとも天才的な着想」(『剰余価値学説史』)と称しており、マルクス自身のいわゆる「再生産表式」がケネーの発想をもとに構想されていることは、本人の証言からしてもまちがいのないところです。マルクスは一八六三年七月六日づけエンゲルス宛て書簡に、みずからの経済表とケネーの経済表とを対比させた一覧を同封していますけれども、これについてはあとで紹介もすることになるでしょう。

ここであらかじめ注意しておきたいのはつぎの一点です。マルクスの再生産表式論は、一国の総資本の連環をめぐって重要な洞察をふくんでいますが、この透見はときに（その基本的な理論構成にあって）ワルラス的な一般均衡理論につうじるものとも、レオンチェフ以来の産業連関表に繋がるものとも評価されてきました。いわゆるマルクス（主義）経済学の現代経済学に対する寄与とも見なされる部分のひとつです。第二次大戦直後のこの国で、いうところの傾斜生産方式という経済政策が採用され、工業復興のための基礎的素材である石炭と鉄鋼の増産が図られましたが、立案にさいしてマルクス経済学者たちに協力が求められたというエピソードもひろく知られているところです。再生産表式論のポイントは、とはいえ、やがて経済分析にあっての投入―産出関係の行列式に整序されてゆく、そういった側面にのみあるわけではありません。再生産をめぐる『資本論』の考察もやはり、それじしん経済学批判の一翼に位置づけられるべき所説であるしだいを、本章では確認してゆくことになるはずです。

マルクスと古典派経済学との関係について㈡――リカード「地代」論との関係

リカードとの関係についていえば、目につきやすいところではまず「地代」論における継承関係が注目される論点のひとつともなります。地代はがんらい「地球の一片に対する独占」（K. III, S. 638）という非合理を前提とするものですから、地代をめぐるマルクスの分析はもとより批判的なものです。その批判的視角の一部はリカード理論に由来しています。リカードの地代論そのものが、マルサスとの対抗関係のなかで、穀物関税に反対する立場から展開されていたこともありますけれど、より主要には、土地の稀少性と土地の「質における差異《ディフェレンス》」から「差額《ディフェレンス》地代」をみちびき出すその手つづきが、マルクスの地代論の原型となっていることはみとめられなければなりません。リカードの認定によれば「土地の使用についてかならず地代が支払われるのはひとえに、土地が量において無制限ではなく質にあって均等ではないから」なのでした(『経済学および課税の原理』)。

ただしマルクスの地代論は経済学的にとらえても、リカード理論の不充分な点を批判して、それを補完するものとなっています。最劣等地すらも地代を要求するばかりでなく、土地所有という権力そのものが地代の根拠となる、いわゆる「絶対地代」の問題を解明したことや――どうしてもすこしばかり後論を先どりすることになってしまいますが――いうところの「一般利潤率」と地代との関連を視界におさめながら、総じて利子率と土地の価格との連関を明示的に説いたことなどが、その主要な点に数えいれられるでしょう(本書、二一三頁)。

とはいえそうしたことがらは、『資本論』における地代論の展開をささえる主要な視点ではありません。マルクスが土地所有と資本制とのかかわりを問題としたとき、問いなおしておく必要があると考えた論点はべつにあります。ここでは地代論の結語を引いておきましょう。

ちいさな土地所有はなかば社会の外部にある未開人の階級をつくり出して、この階級は原始的な社会形態のあらゆる野蛮と、文明諸国のいっさいの苦悩や悲惨とをむすびつけている。そうであるとすれば、大きな土地所有は労働力を、その自然発生的なエネルギーの逃げ場であり、それを諸国民の生命力の更新のための予備的源泉として蓄えておく最後の領域である、農村そのもののなかで破壊するのだ。大工業と、工業的に経営される大農業はともに作用する。元来このふたつのものを分けへだてているのは、前者はより多く労働力を、かくてまた人間の自然力を荒廃させ破滅させるが、後者はより多く直接に、土地の自然力を荒廃させ破壊させるということなのである。（K. III, S. 821）

マルクスと古典派経済学との関係について㈢――経済学と経済学批判

リカードは、地主層が結果的に穀物価格の高騰を引きおこし、その意味で農業生産をふくむ経済過程に対する攪乱要因となると考えていました。マルクスの最終的な認定は次元をことにしています。資本制と大土地所有との結合は「生命の自然法則によって命じられた社会的物質代謝の関連のうちに回復不能な裂け目を生じさせる」(*ibid.*)とマルクスは考えていたのです。マルクスの見るところ、資本制そのものが、自然のうちにそれじたい「自然発生的」に存在している生産性(S. 645)、「自然の豊饒さ」(S. 648)と究極的に対立しているわけです。

マルクスが一八八三年に歿し、エンゲルスはそののち一〇年あまりなお世にあって、経済学における限界革命に立ちあうことになります。一八九四年の日づけがしるされた「序文」に、「ジェボンズ=メンガーの、使用価値=限界効用説」への言及がみられます(K. III, S. 17)。マルクスそのひとは、リカードがすでに経済学から「容赦なく、その最後の結論をひき出した」と見ていました。マルクスにとってリカードはすくなくとも「古典派経済学の完成者」なのです(『経済学批判』)。「経済学という現実的科学」は、リカードでこそ終結しています(『剰余価値学説史』)。マルクスがみずからに引きうけた課題は経済学をさらに発展させることではない。批判的な経済学を構築することでもない。ひとえに経済学批判を展開することでした。

第I章のさいごで、『経済学批判』「序文」の、いわゆる「唯物史観の定式」に言いおよんでおきました。マルクスが定式を「私の研究にとって導きの糸として役にたった一般的帰結」と称しているところから論争が起こったことがあります。「マルクス経済学は科学なのか、イデオロギーなのか」という論戦です。形式的にいえば、科学とはその場合、経験的事実の集積を整理し、論理的に一意的な演繹的体系として再構成した知を指すものでしょう。これに対し、イデオロギーとはなにかについては、それじたいイデオロギー的に争われる面がありますけれども（じつは「科学とはなにか」についても同様です）、ここでは特定の歴史的―社会的な布置関係を反映した、世界のとらえかたというくらいの意味で使っておきます。結論からいうならマルクスの思考は、第一義的には科学でもイデオロギーでもありません。マルクスにとっては経済科学がイデオロギーなのです。経済学批判とはだから経済学ではなく、経済学の基本的な前提の覆いをとって発見し（ent-decken）、暴露《エント・デッケン》するくわだてにほかなりません。

マルクスと古典派経済学との関係について㈣――経済学的批判と経済学の批判

本章における問題群の位置づけをあらかじめ示しておくために、もうすこし具体的な場面で捉えなおしておきましょう。科学的説明とはなにか、ということから考えておきます。

科学的説明とは結局のところ同義反覆であることは、すでにヘーゲルの主張したところです（『精神現象学』「観察する理性」章）。ここでは形式的なかたちで考えておきましょう。いま個別的事象（たとえば、特定の時点における惑星の位置と運動量）についての言明をC、一般法則（おなじくニュートン力学の諸法則）をあらわす全称命題をL、予測され、あるいは説明されるべきできごと(e)の記述をEとします。そのばあい予測または説明は、論理的に「C_1、C_2…C_κで、かつL_1、L_2…L_γならば、E」という演繹的な推論のかたちを取ることになります(ヘンペル)。

不変資本と可変資本とが存在し、剰余価値には後者のみ寄与するとします(本書、八四頁)。資本の循環が繰りかえされるとき、資本は回転するといわれ、その回転には回数と速度が問題となります(一二二頁以下)。資本を(その生産局面でなく)流通局面で考えるならば、不変資本の一部、原料や補助材料も回転の一回ごとに生産物のうちに吸いこまれ、商品の販売によってその全額が貨幣のかたちで回収されます。これは可変資本、つまり労賃としてあらわれる部分についても同様です。この両者を合わせ、あらためて「流動資本」と名づけます。不変資本、たとえば機械や制作機器は、その減価償却の全期間にすこしずつ貨幣形態で回収されるにすぎませんから、これを「固定資本」と呼びなおしておきましょう。双方の論点をあわせるとき、ひとつの問題が生じます。産業の或る部門は大きな設備投資を要し、かくて資本全体にあって固定資本が占める比率が高く、かくてまた資本が一回転するのに、長い時間を必要とします。べつの部門では事情は逆で、資本の回転速度も速いとしましょう。すると前者は利潤率$\frac{m}{c+v}$(八六頁)が低く、後者は高くなると予測されます。ここで、右に見ておいたCは各部門の資本の価値構成の分布、Lは投下された労働と利潤とにかかわる法則で、Eは部門間での利潤率の不均等性というはこびとなるでしょう。ところが経験的に観察されるところでは、利潤率は各部門で平準化されていて、ばらつきはありません。よく知られているように、この件が（投下労働価値説に立つ）リカード派にとって難問《アポリア》となり、学派が分裂する機縁ともなりました。

本章のさいごで一般利潤率の形成をめぐる『資本論』の分析を見てゆくことになりますが、その考察は一見したところ、リカード経済学の不備に対する経済学的な批判の典型であるかのように見えます。マルクスは価値と生産価格とを区別し、競争と資本の移動という前提を追加することで理論上のアノマリー（利潤率の均等化）を説明したかに見えるからです。とはいえ、ほんとうは、マルクスの叙述にはまったく別箇の性格があります。それは説明ではなく批判であり、問題となるのは経済学批判であって、経済学的批判ではないからです。マルクスの生産価格論をめぐるいわゆる「転形問題」が、この間の消息を見あやまったところから生じた疑似問題であるしだいについても、この章でのちに確認してゆくはこびとなるはずです。

「再生産表式」論の前提——単純再生産と拡大再生産

本章では以下〝マルクス経済学〟のなかでさまざまに争われてきた論点をふたつ、やや立ちいって考えておくことになります。そのためこの第Ⅳ章では概観的な議論を、具体的な論点に先だってくわえておきました。以下、問題となることがらそのものに進んでゆくことにいたしましょう。第一にとり上げておきたいのは、いわゆる「再生産表式」論をめぐる問題です。マルクスが資本の流通過程を問題とする局面で区別している資本形態のうち、ふたたび生産資本について考えてみます。一一六頁の図をもういちどご覧ください。

生産過程Pにより産出された商品W′がWとwに分かれますが、このうちWは資本価値に相当する部分で、その販売によって獲得された貨幣Gは、ふたたび生産手段Pmと労働力Aの購入に充当されます。くわえて、wの価値は剰余価値⊿Gと一致し、資本家の生活手段の入手に回されるとします。要するに剰余価値部分はすべて「資本家の個人的消費」にはいるものとし、ただ労働者は生活手段のみを購入するのに対して、資本家はさらに奢侈品の多くを消費すると考えます(K. II, S. 70 f.)。gは資本化せず、たんなる貨幣として作動して、しかも前提からgは⊿Gにひとしいことになりますから、剰余価値は資本の回転の外部に脱落してゆき、資本規模は拡大しません。いいかえれば、ここで生起するのは「単純再生産」であることになります。

おなじ図におけるwを今度はw′と読み、gはG′、つまり附加される資本部分であると考え、ことがらを単純化するために、剰余価値のすべてがふたたび資本となり、蓄積されると想定して、蓄積された資本部分G′＝⊿GによってあらたにPmとAが購入され、生産過程P′が再開されるとしましょう。そのばあい「P…P′でP′があらわしているのは、剰余価値が生産されたということではない。あらわされているのは、生産された剰余価値が資本化されて、したがって資本が蓄積されたということ」になるわけです（*ibid*., S. 84 f.）。資本が一定ていど蓄積されることを前提として実現する生産の拡大を、一般に「拡大再生産」と呼んでおきます。

資本が不断の自己増殖過程として作動する以上、拡大再生産こそ資本の常態です。ただし、一方では拡大再生産は構造的に単純再生産をうちにふくんで可能であり、他方では単純再生産過程にしても、じつは剰余価値の蓄積過程とその問題性を示しています。さらにまた、単純再生産のプロセスそのものが、資本循環の脆弱性をあらかじめ内部にはらみ成立するほかはありません。ここではだから、単純再生産の問題領域にしばらく立ちどまっておきます。

単純再生産過程と「領有法則の転回」

第一の問題から見ておきましょう。『資本論』第一巻の問題領域に立ちかえっておきます。

資本の蓄積とは、資本が反覆的に循環し、回転してゆくさいに「剰余価値が資本として充用されること、あるいは剰余価値が資本へと再転化すること」です（K. I, S. 605）。その場合でも、そもそも資本そのものの始原が問題となりえます。マルクスの見るところ現実の歴史過程では始原の資本は「原始的蓄積」(本書、一〇八頁以下)をつうじて暴力的に獲得され、資本制の起源には歴史の血痕がこびりついているのですけれども、いまこの件は措いて、最初の資本は自己資本であるとし、また剰余価値(資本家にとっては利潤)はすべて(収入として)消費されて、単純再生産が反覆されているとします。そこでなにが生起しているのでしょう。

一〇〇〇ポンドの資本で周期的に生産される剰余価値、たとえば毎年に生産される剰余価値が二〇〇ポンドであって、この剰余価値が各年に消費されるとしよう。その場合この過程が五年くりかえされたあとでは消費された剰余価値の総額は五×二〇〇だということ、いいかえるなら最初に前貸しされた資本価値一〇〇〇ポンドにひとしいしだいはあきらかである。もし一年間の剰余価値が一部分のみ、たとえば半分だけ消費されるとするなら、生産過程が一〇年繰りかえされたのちにおなじ結果が生じることだろう。一〇×一〇〇＝一〇〇〇だからである。一般的にいうなら、前貸資本価値を年ごとに消費される剰余価値で除すれば、最初の前貸資本が資本家によって食いつくされ、消えてなくなるまでに経過する年数または再生産周期の数が出てくるわけである。

(K. I, S. 594)

つまり、一定の年数が経過すれば、資本家が「取得した資本価値は、おなじ年数のあいだに等価なしに領有した」、すなわち対価の支払いがおこなわれずに取得された「剰余価値の総額にひとしく、かれが消費した価値額は最初の資本価値とひとしい」わけです（*ibid.*, S. 595）。資本元本は（資本による）生産と（資本家による）消費の反覆によって減額してゆき、やがては消失するはずです。元金が自己消費によって縮小してゆくかぎりで、同規模の生産を反覆的に継続するためにすら、剰余価値が資本として再投入されているはずなのです。ここで生起しているのは、等価交換という理念の腐食であり、自己労働による自己領有という理念の解体です。資本にとっては労働ではなく、むしろ「資本によって資本が生まれる」（S. 608）。ロック的ともされる所有、私的所有の理念は内部から浸食されて――マルクスが拡大再生産にそくして使用したことばを転用するなら――「領有法則」が「転回」し、近代の理念を近代資本制の現実が裏切っていることになる。単純再生産の分析すらマルクスにあって、経済学の一カテゴリーの劃定ではありません。それは経済学批判であり、資本制経済への批判です。

単純再生産の前提とその脆弱性

第二の問題にうつります。ここで論点は『資本論』第二巻の問題圏に移行します。

もういちど一一六頁の図にもどります。W′はそれ自体としてはなんらかの商品、たとえば靴です。W′が商品資本として機能するために、W′はGに転化する必要がありますが、そのさい当の商品が「消費へと最終的に脱落すること」は、「時間的にも空間的にも、まったく分離されている」ことがありえます(K. II, S. 74 f.)。空間的な距たりも、時間的に踏みこえられる必要がありますから、この「時間という差異《ツァイトディフェレンツ》」(*ibid.*, S. 76)がW′—Gの過程を攪乱します。——循環が正常におこなわれるさいに「W′はその価値どおりに、しかものこらず売れなければならない」(S. 77)。資本は、あまり長く商品資本のままでありつづけるなら使用価値をうしない、かくてまた商品でもなくなってしまいます(鮮魚なら腐り、靴でも流行遅れとなるでしょう)(S. 78 f.)。

逆にいえばたとえば靴が「売れていさえするなら」その売られた靴がさしあたりどうなろうと、靴にあらわされている「資本価値の循環は、またあらたに開始されることができる」わけでして、生産物が売れているあいだは、資本の側からいえば「万事は正常に進行する」ことになる(S. 80 f.)。それでは、攪乱はどのようにして生起するのでしょうか。ことはそもそも市場経済の、つまり資本制の脆弱性にかかわっています。

剰余価値の生産も、またそれとともに資本家の個人的消費もこのように増大し、再生産過程全体がきわめて盛んな状態にあるのに、それにもかかわらず諸商品の一大部分がただ外見じょう消費にはいったかに見えるだけで、現実には売れないで転売者たちの手のなかに滞留しており、したがってじっさいはまだ市場に存在しているということもありうる。そこで、商品の流れがつぎからつぎへとつづいてゆくうちに、ついには以前の流れはただ外観のうえで消費に呑みこまれただけだということが分かるのである。多くの商品資本が市場で争って席を奪いあう。あとから押しよせるものは、ともかく売ってしまうため投げ売りをする。まえからきている流れがまだ捌けていないのにその支払期限がやってくる。その持ち主たちは、支払不能を宣言せざるをえないか、あるいは支払いをするためにどんな価格でも売ってしまうほかはない。（S. 81）

商品資本の循環と「再生産表式」論への移行

右のような販売、いわゆる投げ売りは「現実的な需要の状態」とは「絶対的になんの関係もない」。それが関係しているのはただ「支払いに対する需要」だけです。かくしてパニックが生起するわけです。「資本と資本との交換の減退、資本の再生産過程の縮小」によって、ついに恐慌が到来するということです(*ibid.*)。

過剰生産による恐慌の生起には一生産部門ばかりでなく、他の多くの生産部門がかかわり、また信用関係、(ここでは単純に言っておくなら)産業間を跨いで貨幣資本を融通する金融資本の操作が関係することで、恐慌は同時にまた信用恐慌として生起します。生産部門どうしの関係を考えておく(この件が再生産表式論の前提となります)ためには、資本の流通局面を——貨幣資本でも生産資本でもなく——商品資本にそくして見ておく必要があります。

商品資本の総循環はW′…W′であらわされます。商品資本は商品から商品への循環ですから、出発点の商品もすでにただのWではなくW′、つまり資本関係をふくみ、剰余価値を呑みこんだ商品です。他の資本形態との関係を表示しておけば、W′—G′—W′…P…W′となりますけれども(K. II, S. 91)、より詳しく展開しておけばつぎのようになるでしょう(*ibid.*, S. 99)。

$$W'\left\{\begin{array}{l} W \\ w \end{array}\right. \begin{array}{c} — \\ —G'— \\ — \end{array} \left\{\begin{array}{l} G—W\left\langle\begin{array}{l} A \\ Pm \end{array}\right.\cdots P \cdots W' \\ g—w \end{array}\right.$$

ここで商品Wが「循環の外部で」二重に前提とされています。第一に循環W′—G′—W′(Wは生産手段Pmと労働力Aとに分かれます）のなかで前提とされており、とりわけPmは他の生産部門が生産した、それじたい商品です。第二にはw—g—wのなかの二番目のwについてであって、このwも商品（生活手段）でなければなりません（*ibid.*）。事態はかくてこうなるでしょう。

しかし、循環W′…W′は、その軌道のなかで、W（＝A＋Pm）の形態にある他の産業資本を前提としている（またPmはさまざまな種類の他の資本、たとえば私たちの場合なら、機械や石炭や油などを包括している）。だからこそこの循環そのものが当の循環を（中略）同時にさまざまな個別資本の総計すなわち資本家階級の総資本の運動形態として考察することを要求する。この運動ではそれぞれ個別的な産業資本の運動は、ただ一箇の部分運動として現象するにすぎないのであって、この部分運動はまた他の部分運動とからみ合い、ほかの部分運動によって制約されているのである。（S. 100 f.）

市場経済の制覇と「支配を正統化する世界像」

商品資本の循環はW′から開始されることで、あらかじめなんらかの生産手段Pmを前提としています。w—g—wのwはまた、各種の生活手段を生産する他の個別資本を前提とするものであるほかはありません。商品資本の循環はかくて同時に「総資本」の運動形態ともなり、かくてまたG…G′(貨幣資本)でもP…P(生産資本)でもなく、W′…W′においてのみ、「運動ははじめから産業資本の全体運動として示される」ことになるわけです(K. II, S. 101)。

それればかりではありません。生産手段Pmは、それじしん大部分は他の個別産業資本にとっての商品資本でしょうけれども、市場で調達可能であるかぎりで、奴隷制による生産物であろうと(中国やインドの)農民の産物であろうと、狩猟民族の産品であろうと、えらぶところはありません。資本制的生産様式は一方で、「あらゆる生産を可能なかぎり商品生産に変えて」ゆく。いっさいの生産様式が「資本制的生産様式の流通過程のうちへと引きいれられて」ゆくことになります。資本制は他方では、そこで流通する商品の出自を問いません。だから「産業資本の流通過程をきわだってしるしづけるのは、諸商品の出生地の多方面的な性格であって、市場が世界市場として現に存在していること」なのです(*ibid.*, S. 113 f.)。

マルクスの再生産表式論は、とりあえず一国の総資本にかんして、商品資本の視点からその総連環を問題としてゆくものでした。一国の産業連関の背後には、とはいえ、世界市場がひろがっています。現在的に考えるときわめて重要なこの視角を、マルクスもまた手ばなすことがありませんでした。一見したところ、現代経済学の市場論となだらかに接続するものであるかに見えるマルクスの所論をたどるまえに、この件をめぐってひとこと補足しておきます。

資本制はすべての生産を資本制的商品生産の色で染めて、あらゆる地域を商品交換のなかに呑みこんでゆくことで、世界を市場に変えてゆきます。現在主流の経済学では資本主義という語も資本制ということばも使用されず「市場経済」という表現が好まれますけれども、これはすでにひとつのイデオロギーです。「いっさいの国々の生産と消費とを全世界的なものとする」（『コミュニスト党宣言』）資本制の歴史を、自然過程として肯定するイデオロギーであり、グローバリゼーションという現在を自然状態とみなして、支配を正統化する世界像なのです。

再生産表式論の前提をめぐって

マルクスは『資本論』第三巻の冒頭で、先行する第一巻、第二巻（篇別構成でいえば第一部、第二部）のみちゆきを振りかえって以下のように書いています。引用しておきます。

> 第一部では、それだけでとり出された資本制的生産過程が提示している直接的生産過程としての現象が探究された。そのさいこの直接的生産過程にあっては、当の過程にとって外的な事情に発する二次的な影響はすべてなお度外視されていたのである。とはいえこう

した直接的生産過程によって、資本の生涯は汲みつくされるわけではない。それは現実的世界では流通過程によって補完されるのであって、この流通過程が第二部の探究の対象をかたちづくるものであった。第二部とりわけその第三篇で、社会的再生産過程を媒介するものである流通過程の考察にさいし、資本制的生産過程を全体としてみれば、それは生産過程と流通過程の統一であるしだいがあきらかになったのである。(K. III, S. 33)

本書でもすでに、第二部・流通論の問題場面に立ちいってきました。ただし以下で取りあつかう表式論には、これまで見てきた考察局面とふたつのちがいがあります。ひとつは右で確認したとおり表式論では個別資本どうしの関連が問題となり、したがってまた一社会における総資本の絡みあいが焦点化されるということでした。いまひとつには、個別資本はそれぞれあいことなる使用価値を産出しますから、そこでは使用価値の観点が導入されるということです。べつべつの使用価値を生産する資本どうしが「社会的資本の循環のなかの一環」として位置づけられなければならない(K. II, S. 351 f.)。「資本の価値生産」が問題であるかぎりは、商品の使用価値は分析にとってほんらい意味をもちません。それが機械だろうと、穀物だろうと鏡だろうと関係がなかったわけです。しかし資本総体の「運動は、価値補塡であるばかりではなく素材の補塡でもある」。当面する問題場面では、商品の使用価値、つまり「素材的な形態」も問題となるはこびとなるはずです(*ibid.*, S. 393)。

それでは使用価値の観点から、総資本をどう切りわけてゆけばよいか。また個別資本の構成をどのように捉えておけばよいのか。マルクスは、ここでことがらをぎりぎり抽象化します。総産業の第Ⅰ部門とされるのは「生産手段」を産出するもの、第Ⅱ部門が「資本家階級ならびに労働者階級の個人的な消費にはいる」「消費手段」、あるいは生活手段を生産するものです。またそれぞれの部門について「1　可変資本」──これは価値からみれば労働力の価値の総和であり、素材からみると「活動している労働力」そのものです──と、「2　不変資本」(価値的には充用されるいっさいの生産手段の価値)とを分けておきます。附言しておくなら、後者はさらに「固定資本、つまり機械や工具や建物や役畜などと、流動不変資本、すなわち原料や補助材料や半製品などの生産材料」にわかれてゆきます(S. 394 f.)。

単純再生産の表式論的分析

以上を前提に、一国の年間総生産の価値を考えてみます。まずいわゆる単純再生産からとり上げ、それが可能となる条件を劃定してみましょう。

固定資本のうち、一年間の稼働のあとにも引きつづき存在しつづける価値部分は除外して、生産物に転移された不変資本部分をcとします。さらに年間総労働によって付加された部分を区別し、後者を、投入された可変資本部分vを補塡する部分と、剰余価値を形成する価値部分mとに区別します。不変資本c、可変資本v、剰余価値mと標記するなら、各部門の年間生産物の価値はc＋v＋mとなりますが、mとvの比率（剰余価値率）は一〇〇パーセントとすると、単純再生産をあらわす設例は、たとえばつぎのようになるでしょう（K. II, S. 395 f.）。

I　生産手段　4000c＋1000v＋1000m＝6000

II　消費手段　2000c＋500v＋500m＝3000

部門Iと部門IIをあわせた総価値は九〇〇〇で、前提により、引きつづき機能する固定資本分の価値は除外されています。マルクスの数値操作と推論を単純化して示しておきます。

1　部門IIの労賃500vと剰余価値（資本にとっての利潤）500mは、単純再生産という前提から、すべてが消費手段に支出されます。この総価値1000は、部門IIのなかで部門II自身の生産物と取りかえられます。部門IIは3000の価値量の総生産物を産出しますけれども、このうちで

(500v+500m)Ⅱ=1000が、まず消費過程へと消失してゆくわけです。2　部門Ⅰの1000v+1000mもおなじように消費手段のために支出されて、部門Ⅱの生産物を購入するために引きわたされる。(1000v+1000m)Ⅰ=2000は、かくて部門Ⅱのうちに残っている同額の部分2000cと交換されなければならない。これによって部門Ⅱは同額の生産手段、つまり部門Ⅰの1000v+1000mの価値が実現されているⅠの生産物を手中にすることができます。かくして2000Ⅱcならびに(1000v+1000m)Ⅰが計算から消えていきます。3　まだ残っているのは4000Ⅰcです。これは生産手段からなり、部門Ⅰで消費されればいいわけです。つまり部門Ⅰで生産的に消費された不変資本部分を補塡すればよい。こうして4000Ⅰcの部分は部門Ⅰの資本間で処理されることになるでしょう(*ibid.*, S. 396 f.)。——以上のような事情を繫ぎあわせて一般的にいえば、単純再生産が可能となる条件はこうなります。

Ⅰ(v+m)=Ⅱc

単純再生産から拡大再生産へ

念のため、右の式の意味するところを確認しておきます。それはすなわち、部門Ⅰと部門Ⅱ

とのあいだで転換が可能となり、かくしてまた総資本における単純再生産が可能となるための条件は、部門Ⅰにおける可変資本と剰余価値の総和が、部門Ⅱにおける不変資本量とひとしくなることである、というものです。

Ⅰ(v＋m)＝Ⅱc の定式をよりていねいに語りなおすなら、部門Ⅰと部門Ⅱとのあいだでは、「一方では部門Ⅱの不変資本の流動部分を供給し」、たとえば綿シャツ製造部門その他でも生産的に消費される石炭を過不足なく提供して、「他方ではその固定成分を」、これもたとえば蒸気機関をその損耗分と一致するかたちで「供給する」ことが可能とならなければならないということです。つまり「均衡のとれた分業」が維持されている必要があります。「こういった均衡(Gleichgewicht)が、したがって不変な規模での再生産の法則としてあらわれることだろう」(K. II, S. 461)。Ⅰ(v＋m)＝Ⅱc が表現しているのは、いってみればこの動的均衡にほかならないわけです。この件については、のちにまた立ちかえって考えてみることにしましょう。

単純再生産とはいずれにしても非現実的な想定です。そこでは剰余価値(資本にとっての利潤であり、資本家にとっての収入となります)のすべてが、資本家の個人的消費に充当されると仮定されていたからですし(本書、一四六頁)、そのことは同時にまた個別資本と資本総体とに内在する価値増殖と規模拡大への欲望を切りすてることになっていたからです。

それればかりではありません。資本制的な生産が発展してゆき、その規模それ自体が拡張してゆくにつれて、産業のあらゆる部門にあって「いたるところで積み立てられる貨幣量」が拡大してゆきます(*ibid.*, S. 469)。とりわけ、産業部門のうちでもその生産期間が長期にわたる部門では、その期間のあいだ当該資本は「あるいは充用労働力への支払いのために、あるいは消費される生産手段の買い入れのために、たえず貨幣を流通へと投げいれる」。たとえば、鉄道の敷設や運河の開削、ドックの建築や都市の大建築物などの建設、巨大な船舶の建造、大規模な土地干拓などの場合がそうでしょう。じっさいこうした契機は、発展した資本制的生産様式の内部で「株式会社などによって営まれる長期的な企業」にとって重要となります(S. 472 f.)。

つづけて問われなければならないのはこうして、拡張された規模での再生産、すなわち拡大再生産と、それを可能とするメカニズムにほかならないはずです。

問題の所在——蓄積と拡大再生産

『資本論』第二巻第三篇第二一章は「蓄積と拡大再生産」と題されています。拡大再生産が問題となる場面を確認しておくために、まずはテクストそのものを引用しておきましょう。

蓄積が個別的資本家にとってどのようにおこなわれるかについては、第一部であきらかにされた。商品資本の貨幣化により、剰余価値をあらわしている剰余生産物も貨幣化される。かくて貨幣に転化した剰余価値を、資本家はみずからの生産資本の追加的自然要素へと再転化させる。つぎの生産循環では、増大した資本が増大した生産物を供給することになるのである。しかし個別資本のもとであらわれることは年間総生産にあってもあらわれざるをえないのであって、それは（中略）個別資本の場合では、その消費された固定成分が積立金としてつぎつぎに沈殿してゆくことが、年間の社会的再生産でもあらわれるのと、おなじことなのである。（K. II, S. 485）

商品資本の剰余価値が〝命がけの跳躍〟に成功して貨幣形態を採り、その一部が翌年の生産資本に追加されることで、拡大再生産が可能となります。すなわち、次年度の生産を拡張するための資本の蓄積がなされるわけです。この間の消息が一社会の年間総生産についても問題とされるとき、拡大再生産をおなじく表式論的に分析する必要が生じます。

部門の区分、ならびに資本構成の切りわけにかかわる前提、表記のしかたは、単純再生産を分析したさいと同様としましょう。マルクスの推論と数字操作はより入りくんだものとなっていますけれども、ここでは単純な例を設定して、ごく大ざっぱに論点を再現しておきます。

拡大再生産の考察――設例の分析

ふたたび剰余価値率を一〇〇パーセントとして、適当に数値を置いてみます。たとえば以下のように、問題となる初年度のありかたを前提しておきましょう。部門Ⅰと部門Ⅱをあわせた総価値は八二五〇とします。単純再生産よりも数値をちいさくしたのは、拡大再生産を可能とする条件はそれ自身、生産の規模とはかかわりがないことを示すためです(K. II, S. 501)。

Ⅰ　生産手段　4000c＋1000v＋1000m＝6000
Ⅱ　消費手段　1500c＋ 375v＋ 375m＝2250

1　部門Ⅰから考えます。生産が拡大するなら生産手段への需要が増大しますので、部門Ⅰの拡張がまず必要となりますから、まず部門Ⅰで剰余価値の五〇パーセントが蓄積されることにしましょう。2　つぎに部門Ⅰと部門Ⅱとのあいだの関係を考えます。その場合、部門Ⅰの1000v＋500m＝1500が部門Ⅱの1500cと交換され、さらにⅠcとⅡvがそれぞれの部門内で確保されれば、おなじ規模の再生産が可能となります。3　いま部門Ⅰについて、剰余価値のうち蓄積に回される500がおなじ資本構成で次年度に送られるためには、その$\frac{4}{5}$つまり400の生産手段が、部門Ⅰ内部で供給されなければなりません。これを引いて、部門Ⅰで500－400だけ可変資本も増加しますから、この100Ⅰvを部門Ⅱに生産手段として販売する必要がある。以上を条件に均衡が求められることになります。

部門Ⅱでは不変資本が100cだけ増大し、部門Ⅱでも資本構成が同一（c：v＝4：1）であるとすれば、可変資本も25だけ増えるので、部門Ⅱでも125の蓄積が必要となります。ここで、拡大再生産が可能となるための条件を考えてみます。単純再生産ではその条件はⅠ(v＋m)＝Ⅱcでした。拡大再生産は単純再生産をふくんで、その規模を拡大するものですから、いまやその条件は、

Ⅰ(v＋m)＞Ⅱc

となります。ここで念のため、翌年の生産規模を示しておくと、以下のとおりです。

Ⅰ　生産手段　　4400c＋1100v＋1100m＝6600
Ⅱ　消費手段　　1600c＋ 400v＋ 400m＝2400

見られるとおり、部門Ⅰでも部門Ⅱでも生産規模が拡大して、部門Ⅰと部門Ⅱをあわせた総価値も、前年度の八二五〇から九〇〇〇まで拡張しています。

再生産表式論の意味(一)——マルクスの「経済表」

マルクスが数学を苦手としていたことは、よく知られています。遺稿となった『資本論』第三巻には地代論がふくまれていますけれども、その設例や数値例などは、編者のエンゲルスが草稿に追加したり、マルクス自身の計算まちがいを訂正したりしています。

右にひととおり見ておいた再生産表式論も、一見したところでは、いわゆる新古典派総合をへた現代経済学における一般均衡モデルとくらべて、その初等算術的な原型であるように見えることでしょう。じっさい表式論にあってマルクスは、いくどか「均衡《グライヒゲヴィヒト》」という表現を使っていますし、その推論の手つづきも、均衡解を求めて数値操作をおこなうものであるかのような印象を与えます。しかし、そうでしょうか。

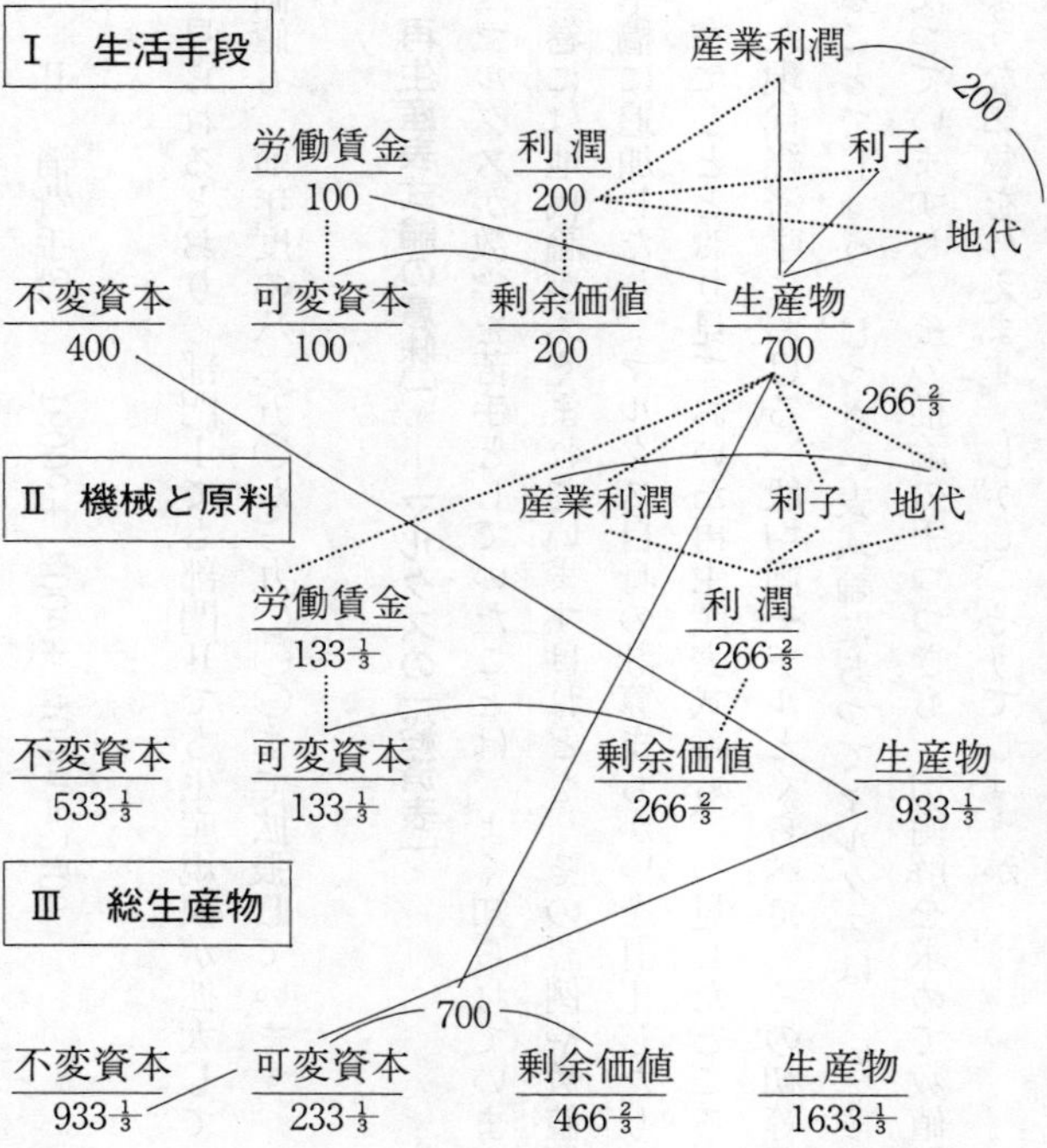

ドクトル・ケネの経済表

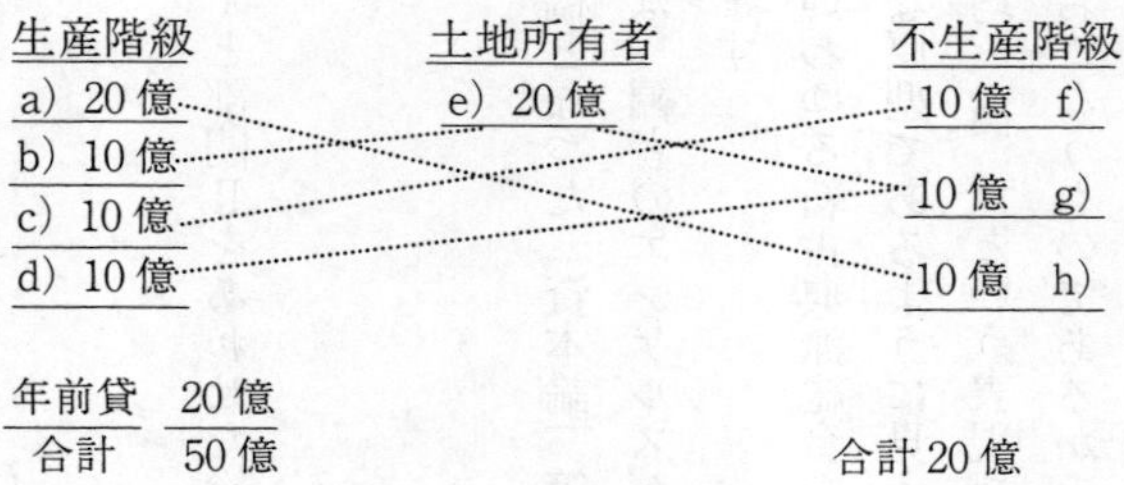

（大月書店版『マルクス＝エンゲルス全集』第三〇巻、二九一頁、岡崎次郎訳、による）

右頁の一覧表を見てください。本章のはじめの部分(一三八頁)でも予告しておいた、ケネーの「経済表」とマルクスの〝経済表〟とを対比させたものです。ケネーの業績はレオンチェフ以来の投入―産出分析の先駆と見なされていますが、マルクスもケネーの天才を賞賛していたしだいは、すでに見ておきました。とはいえ、一八六三年段階の構想に立ちかえってみると、マルクスはケネーの経済表からかえって動的な過程を読みとろうとしていることが判ります。資源と産物を投入―産出の行列として分析することは、静的で無時間的な演算にすぎません。マルクスが問題としていたのは、たんに無時間的な均衡解の存在ではないのです。

再生産表式論の意味(二)――市場経済への批判的視点

表式の原型ともなった「マルクスの経済表」を見るかぎり、その分析は、均衡条件を求めているように見えながら、じつは均衡の背後にある偶然と不確定的な諸条件を問題とするものとなっています。それは、均衡の必然性を解こうとするものではありません。かえって、均衡の偶発性(contingency)をも説こうとするものであったわけです。そればかりではありません。マルクスは拡大再生産が可能となる条件を問題とするさいに、すでに信用制度をめぐる論点を視界に収めています。もうすこし考えておきましょう。

部門Iをとり上げてみます。部門I自体さまざまな産業分野から構成され、それぞれの分野で、また分野内部の個別的資本でも、不変資本(の固定的部分)の、すでに経過した償却期間はまちまちです。とある資本Aがなお「潜勢的な貨幣資本の積み立て」をおこなっているとき、べつの資本Bはすでに積み立てられた貨幣資本で「生産手段すなわち不変資本の追加的要素」を購買しています。いずれにせよ部門Iの資本のおのおのは、売り手と買い手としてたがいに相対しているわけです。買い手となるために、めいめいの資本は商品を販売して獲得した貨幣を流通から引きあげ「貨幣蓄蔵」に励む必要があります。その蓄蔵貨幣が「潜勢的貨幣資本」として積み立てられるかぎりで、貨幣蓄蔵はここでは、あらかじめ「資本制的生産過程に内在する一契機」として作動しているといってよいでしょう(K. II, S. 488 f.)。

この貨幣蓄蔵が拡大再生産を可能とするさいに、いくつかの複合的な条件が要求されます。第一に、絶えず、しかも拡張した労働力を市場で調達することが可能でなければなりません。そのため第二に、増加する労賃をまかなう可変資本を充当することも必要です。第三にはすなわち、増産された商品も〝命がけの跳躍〟に成功し、貨幣形態をふたたび獲得することが可能とならなければならないわけです。——「必然的なこれらの前提のいっさいはたがいに条件となりながら、一箇のきわめて複合的な過程によって媒介される」。その過程はべつべつに進行すると同時に「相互にからみ合っている流通過程」をふくんでいるしだいです。要するにそこで成立する「均衡」は「それじしん一箇の偶然 ein Zufall」にすぎないわけです。過程の複雑性が均衡の条件となると同時に、たほう均衡が破綻し、過程が正常に進行しない機縁となり、「正常ではない進行、すなわち恐慌」を可能とする条件となる（*ibid.*, S. 491）。

じっさいには信用制度が発達することをつうじて、各個別資本の潜勢的な貨幣資本が銀行等のもとへ集中し、集積されていきますから、潜勢的資本はただちに現勢的な資本となることもあるでしょう。次章でやがて見てゆくとおり、その場合に動的な均衡条件はさらに複合化し、〝正常ではない進行〟の制約条件もより複雑化して、通常の制御可能性をはるかに超えてゆくものとなるはずです（vgl. S. 489）。それらいっさいの条件と制約をはらんで、市場がじゅうぶんな自動調節機構をになってゆくと考えるのは、いささか非現実的な想定ではないでしょうか。そこではホモ・エコノミクスの選好判断を支持する先行条件ががんらい不透明で、所与の制約のもとで最適解を決定することが、そもそも不可能なように思われます。

「再生産表式論」から「一般利潤率」をめぐる問題群への移行

ある種のマルクス経済学者たちは『資本論』の再生産表式論を、価値法則の〝絶対的基礎〟

を与えるものと見なしてきました。価値法則とは、商品の価値はその（再）生産に必要とされる（社会的に）必要な労働時間によって決定されるとするものですが、この決定が全社会的な流通―配分機構に依存するはこびが、表式論によって示されると見るわけです。

この理解は一方で、マルクスにおける価値の規定が（価値形態論に先行する）抽象的人間労働の定義（本書、一六頁以下参照）で完了しているわけではないと考えるかぎりでは正しいのですけれども、他方では表式論そのものをやはり均衡論的に解釈している傾きがあるように思います。表式論ではかえって、マルクスが、商品のフェティシズムを問題としてすでに説いていたことがら（四二頁以下）がより全面的で決定的なかたちで、再生産の構造―動態分析にあってあらわれているのではないでしょうか。商品生産は、その全社会的な機構を分析者の立場から見わたそうとするとき、当事者の立場に対してはますます解読不能な「象形文字」のたわむれとしてあらわれて、そこでは「意識を欠いた、見とおしをもたない運命 blindes Schicksal」がすがたを見せているのではないでしょうか。じっさいヘーゲルは、イエナ期の実践哲学的草稿のなかで「この体系において、かくして統治するものは、欲求とその満足のしかたとの無意識的で、見とおしのない全体としてあらわれる」と語っていました（『人倫の体系』）。

ここで見えかくれしている論点に、もうすこし立ちいっておくためには、そもそも価値法則が破れているとされる局面に目をむけてゆく必要があります。この章の最初のほうで言及しておいた、リカード学派にとっての行き止まり《アポリア》となった問題系（本書、一四五頁）、つまり利潤率の均等化、あるいは一般利潤率の形成へと収斂してゆく問題群が、それにあたります。

問題の前提㈠——「費用価格」カテゴリーの問題

ながく経済学者のあいだで争われてきたこの論点は、そもそも問題自体が入りくんでおり、前提となることがらが多数あります。以下まず必要最低限の事項だけ、できるだけ手みじかに説明しましょう。すこしのあいだ教科書的な記述がつづきますことをご勘弁ねがいます。

マルクスによれば『資本論』第三巻の課題は「全体として観られた資本の運動過程」であって、またそこにあらわれる「具体的なさまざまな形態を見いだして、それを叙述すること」にあります。そのこころみをつうじて「資本制的生産の総過程」があきらかになり、またそうした解明のなかで「資本のさまざまなすがた」は「社会の表面でいろいろな資本のあいだの作用としての競争のなかであらわれ、また生産当事者自身の日常の意識にあらわれるさいの資本の形態」にすこしずつ接近してゆくことになる。マルクスはとりあえずそう説いています（K. III, S. 33）。本書の一五五頁以下で引用した部分につづく説明です。

ほんの先ほど「分析者の立場」と「当事者の立場」ということばを使いました。じつはすでに剰余価値という語は前者に、利潤という表現は後者(資本)に帰属する概念系であったこともあらためて確認しておきましょう。この両者の視点の差異が、これからあとの展開でますます重要となってくることに注意してください。利潤という概念から考えなおしておく必要があります。利潤は資本にとって、商品生産にさいして要する費用すなわち「費用価格」を超過する部分として意識されます。マルクスの説明をあらあら辿っておきます。

商品の価値WはW=c+v+mであらわされます。たとえば或る物品の生産に五〇〇ポンドの資本支出が必要であって、そのうち二〇ポンドは労働手段の磨滅のために、三八〇ポンドは生産材料のために、一〇〇ポンドは労働力のために必要である、としましょう。いま剰余価値率が一〇〇%であれば、生産物の総価値は400c+100v+100m=600ポンドです。この価値Wから剰余価値mを引きさると、五〇〇ポンドの商品価値が残り、これはただ支出された五〇〇ポンドの資本を補填するだけです。つまりは「その商品が資本家自身に費やさせたものを補填するにすぎず、かくして資本家にとって商品の費用価格をかたちづくるもの」として、資本=当事者には意識されます。資本にとって、剰余価値を生みだす労働力もまた生産要素の一部分としてあらわれ、資本のみが生産者としてあらわれるかぎりでは、資本にとっては商品の費用価格が「商品そのものの現実の費用」となります。いま費用価格（Kostenpreis）をkとすると、商品価値をあらわす定式W＝c＋v＋mは「定式W＝k＋mに、すなわち商品価値＝費用価格＋剰余価値に転化する」わけです（K. III, S. 34）。

資本を投下する立場にあって関心は、資本の回転速度を高めること、したがって回転期間を短縮することにあります。資本を運用する立場にとって資本の区分は、かくて固定資本と流動資本というかたちで意識されるのでした（本書、一四四頁）。そこでは可変資本（労働力を購買するために投資された資本）も、原材料等に投下された資本部分とおなじように、一回の回転期間で回収さるべき流動資本としてあらわれます。費用価格というあらたなカテゴリーは、このように可変資本が流動資本へと一体化されることを前提として、あくまで資本を投下し、回収する立場のみに対して妥当する規定なのです。

問題の前提㈡――「利潤」カテゴリーの倒錯

商品の生産にさいして費やされた生産要素をふたたび回収しないかぎり、資本はもういちど生産を再開することができません。その意味で費用価格は一面では、資本制的生産を継続させて、その生産条件を反覆的に可能とする制約となります。

費用価格カテゴリーにあっては他面で、いっさいが「必然的に顚倒されたしかたで」あらわれます。費用価格の成分はひとつには支出された不変資本であり、もうひとつには投下された可変資本であって、そこでは「不変資本と可変資本との差異が消失してしまって」、「固定資本と流動資本との区別がみとめられるだけ」だからです(K. III, S. 41 f.)。利潤という、資本の立場からすればもっとも基底的なカテゴリーもこのおなじ顚倒をふくんでいます。

商品価値Wは定式W＝c＋v＋mであらわされます。このうち剰余価値mは可変資本にのみ関係し、可変資本vだけにかかわる増加分ですから、W＝c＋(v＋m)と書くのが、その起源にそくした表記です。費用価格という観点を導入すれば、おなじWがW＝(c＋v)＋mとも表現されます。さきの設例によるなら、「生産のまえに、私たちは五〇〇ポンドという資本を有していた。生産のあとで私たちは、五〇〇ポンドの資本プラス一〇〇ポンドの価値増加分を所有している」ということです(*ibid.*, S. 44)。

剰余価値と呼んできたものは、可変資本に対して増加分をかたちづくっているだけではありません。一見すると、「生産にさいして総じて充用された資本」に対しても価値増加分を形成しています。剰余価値は生産手段と労働力からなる生産要素から「一様に生じるかに見え」る。それらの要素はひとしく費用価格にぞくするからです。ここに、利潤カテゴリーが資本関係を覆いかくすイデオロギー的な概念として登場するわけです(S. 45 f.)。

> このように、前貸総資本の所産と表象されたものとしては、剰余価値は利潤という転化形態を獲得することになる。なんらかの価値総額が資本であるのは、かくて、それが利潤を生むために投下されるからである、というしだいとなり、あるいはまた利潤が生じるのは、なんらかの価値額が資本として充用されるからだというはこびとなる。利潤(Profit)をpと名づけるとすれば、定式W＝c＋v＋m＝k＋mは定式W＝k＋p、すなわち商品価値＝費用価格＋利潤に転化するのである。(S. 46)

問題の前提㊂——「利潤率」カテゴリーという神秘化

商品が価値どおりに売れるなら一定の利潤は保障されます。このばあい利潤は、価値のうち費用価格を超過する部分にひとしく、したがって剰余価値の全体と等価です。とはいえ資本が商品をその価値よりも安く販売しても、いくらかの利潤を上げることは可能です。販売価格が費用価格よりも高いかぎりでは、剰余価値の一部分は実現され、なにがしかの利潤は手にされるからですね。資本は、商品をその価値よりも安く売りながらも、利潤を獲得することが可能であることが、生産価格を問題とするさいに重要な前提条件となります(K. III, S. 47)。

剰余価値率と利潤率との関係と差異とについては、本書ではすでに早い段階で言いおよんでおきました(八六頁)。ここでは利潤率という資本にとって生死を決するほどの重要性を有する概念が倒錯と神秘化をふくんでいるとする、マルクスの認定を確認しておきましょう。

資本にとっての利潤の源泉は剰余価値であり、マルクスにとって剰余価値を生むものは不払労働です。ですからマルクスの基軸的概念である剰余価値率は$\frac{m}{v}$であらわされます。資本はこれに対して、この超過分を総資本に対する割合で測ることになります。利潤率(Profitrate)はつまり$\frac{m}{C}=\frac{m}{c+v}$となるわけです。当事者にとっての「現象の表面にあらわれてくる」のは剰余価値率ではなく利潤率にほかならないわけですね(*ibid.*, S. 53)。そのけっか生起するのが資本の神秘化です。つまり「資本のすべての部分が一様に超過価値(利潤)の源泉としてあらわれることによって資本関係が神秘化される mystifiziert」。ここに生まれるのは倒錯した意識であり、「顚倒された観念、移調された意識」となります(S. 55)。

この神秘化、顚倒と移調との結果はなんでしょうか。総資本と利潤との関係が問われ、前者に対する後者の比が問題とされるところで、「資本はじぶん自身に対する関係としてあらわれ」ます(S. 58)。自己関係という、ヘーゲル論理学体系を意識して使用されている用語が、ここで問題の所在を告げています。じぶん自身に対する関係としての資本(*das Kapital als Verhältnis zu sich selbst*)こそが、自己増殖する価値としての資本が神秘化を終了する地点を、あらかじめ指しめしているからです。そこでは「資本と労働」ではなく「資本と資本」が相対し、現実のいっさいが「競争」のなかに置かれることになるはずです(S. 53 f.)。

問題の所在――資本の構成と回転の利潤率に対する影響

以下の考察の前提となる事項をかんたんな式のかたちで整理しておきましょう。ことがらは資本の構成と回転期間にかかわっています。利潤率は剰余価値率と資本の構成により差異化します。不変資本をc、可変資本をv、剰余価値をm、剰余価値率$\left(\frac{m}{v}\right)$をm′、利潤率$\left(\frac{m}{c+v}\right)$をp′とすると、利潤率は以下の式によって決定されます。

$$p' = m' \frac{1}{\frac{c}{v} + 1}$$

第二に、いま資本の年間回転数をnとし、p′を年利潤率であるとすると、

$$p' = n \cdot m' \frac{1}{\frac{c}{v}+1}$$

となります。ここから『資本論』第三巻の問題領域における最大の難問が生じることになる。本章ですでに、問題《アポリア》の所在は指摘しておきました（一四四頁以下）。課題のありかについてマルクスが語りなおしたテクストを、念のため引いておきましょう。

私たちが示してきたことがらは、したがってこうである。あいことなる産業部門では、資本の有機的構成の差異に応じて、またさきに示した限界内では資本の回転期間の差異にも対応してことなる利潤率が支配する。かくて利潤は資本の大きさに比例し、かくてまたおなじ大きさの資本は、同一の期間には同一の大きさの利潤を生む、という原則が（一般的な傾向からみるならば）妥当するのは、おなじ剰余価値率のもとではひとり、さまざまな

資本の有機的構成がおなじである場合――そのうえ回転期間がおなじであることを前提として――のみである。ここに述べたところは、一般的にこれまでの私たちの論述の基礎であったことがら、つまり諸商品が価値どおりに売られるということを基礎として言いうることなのである。たほう、本質的ではなく、偶然的な相殺される差異をべつとするなら、産業部門の差異による平均利潤率の差異は現実には存在しない。　(K. III, S. 162)

価値法則（本書、一七〇頁）はそれじたい等価交換を、つまり商品の価値どおりの交換を前提とするものです。マルクスは、価値法則が、あらゆる生産局面にあって資本の構成と回転とがひとしいとする非現実的想定のもとでしか妥当しないのではないかと自問しています。ことばをかえれば、資本の構成や回転期間に差異が存在するにもかかわらず、一般的な利潤率が支配的となるという事実が価値法則と背反するのではないか、ということです。

マルクスによるアポリアの解決㈠――一般利潤率と生産価格の導出

マルクスによる解決に登場する主要ツールのひとつは、先に劃定しておいた費用価格の概念です。あらかじめ予告するなら、もうひとつが生産価格という概念となることでしょう。

資本が五分の四の不変資本と五分の一の可変資本とからなっているとすれば、その構成は80c＋20vによってあらわされます。これを標準的な構成と前提して、ほかに四つのことなる生産部門を問題とし、おのおのの部門に投下されている資本についてその構成がそれぞれ以下のようであるものとしましょう。なお比較のために、剰余価値率はすべて一〇〇パーセントとします（K. III, S. 165）。

	資本	剰余価値率	剰余価値	生産物価値	利潤率
I	80c＋20v	100%	20	120	20%
II	70c＋30v	100%	30	130	30%
III	60c＋40v	100%	40	140	40%
IV	85c＋15v	100%	15	115	15%
V	95c＋ 5v	100%	5	105	5%

この設例では、資本の構成の差異に応じて利潤率の差異が生じるしだいが示されています。設例によれば、最低五パーセントから最高四〇パーセントにおよぶ差異なわけです。

第一の表では、部門ⅠからⅤについて、生産物価値から剰余価値を引いた値がすべて一〇〇となっています。これはつまり費用価格をことごとく等価としていることです。この点を変更して、おなじく五つの産業部門をめぐって、固定資本の価値移転に差異が生まれるものとしてみます（*ibid.*, S. 165 f.）。

	資本	剰余価値率	剰余価値	利潤率	消費されたc	商品の価値	費用価格
Ⅰ	80c＋20v	100%	20	20%	50	90	70
Ⅱ	70c＋30v	100%	30	30%	51	111	81
Ⅲ	60c＋40v	100%	40	40%	51	131	91
Ⅳ	85c＋15v	100%	15	15%	40	70	55
Ⅴ	95c＋ 5v	100%	5	5%	10	20	15
合計	390c＋110v		110				
平均	78c＋22v		22	22%			

この表では利潤率は前表とのあいだで変化はなく、商品の価値にのみ差異が生じています。

ここで資本ⅠからⅤを社会全体の総資本の分肢と考えてみると、総資本としての構成は平均して78c＋22vで、平均剰余価値は二二、平均利潤率も二二パーセントです。この平均利潤率がⅠからⅤのおのおので実現されるように、剰余価値を各資本に均等に配分することにすれば、つぎのような一覧表となります(S. 166)。

	資本	剰余価値	商品の価値	費用価格	商品の価格	利潤率	価値からの価格の偏差
Ⅰ	80c＋20v	20	90	70	92	22%	＋2
Ⅱ	70c＋30v	30	111	81	103	22%	−8
Ⅲ	60c＋40v	40	131	91	113	22%	−18
Ⅳ	85c＋15v	15	70	55	77	22%	＋7
Ⅴ	95c＋5v	5	20	15	37	22%	＋17

ここで利潤率は平均利潤率（一般利潤率）となって、その値は資本Ⅰ～Ⅴにおける剰余価値の総計をおなじく投下された資本価値の総計で除したものとなります。「商品の価格」は、それ

ぞれの商品の費用価格に前表の平均利潤（剰余価値を平均した値）を加算したものです。こうして産業部門の全体にかんしては平均利潤率が一定に保たれて、そのけっか逆に価格の価値からの偏差は相殺されます。ここにいう商品の価格こそ「生産価格」にほかなりません。

マルクスによるアポリアの解決㈡――残された個別的問題

マルクスはあらためて「生産価格 Produktionspreis」を定義して書いています。「さまざまな生産部面における利潤率のさまざまが平均され、この平均がいろいろな生産部面の費用価格にくわえられることによって成立する価格、これが生産価格なのである」（K. III, S. 167）。

生産価格が成立する前提となるのは「一般利潤率が現実に存在すること」です。さまざまにことなる利潤率は、じっさい資本間の競争をつうじ「あいことなる利潤率の全体の平均であるひとつの一般利潤率に平均化」されるはずです。商品価格を構成するもののうち費用価格は、それぞれの生産部門における資本投下によって決定されます。商品価格のもうひとつの成分、つまり利潤は、社会的総資本に対するその「可除部分」としての資本の比率によって規制されるわけです（*ibid.*, S. 167 f.）。

生産価格の問題をめぐっては、経済学的にもさらに問題が山積しています。ひとつにはたとえば、マルクスは総剰余価値は総利潤と合致し、また生産価格の総計は価値の総計と一致すると主張するのですけれど(S. 182)、この総計一致命題は無条件に成立するのでしょうか。またマルクスは単純商品交換と資本制的商品交換を区別して、あたかも前者では価値法則が、後者では生産価格が規制原理となるかのように説いているわけですが(S. 187)、これは文字どおりの歴史的説明なのでしょうか。マルクス価値論の矛盾なるものを突いたベーム - バヴェルクに対してヒルファーディングがそうしたように、この箇所を挙げるだけでマルクスを擁護できるでしょうか。――とりわけ重要なのは、同種の一商品にかんして唯一の価格が成立する、一物一価を説くさいにマルクスが、需給条件による一意的な価格決定を否定して(需要と供給が均衡すれば、それはなにも説明しない同義反覆となるからです)(S. 195-199)、価値法則をあらためて参照していることですが、ここでは措いておき、引用だけひとつ採っておきます。

さまざまな商品がたほう、それらの価値どおりに売られるとすれば、すでに述べたように、生産部門がことなれば、それぞれの部面に投下されている資本量の有機的構成の差異に応じ、さまざまにことなった利潤率が成立する。しかし資本は、利潤率の低い部面から去り、より高い利潤をあげるべつの部面に移ってゆく。このような不断の出入りにより、ひとことで言うなら利潤率があちらで下がったり、こちらで上がったりするのにつれて、資本がさまざまな部門に配分されることをつうじて資本は、生産部面がことなっても平均利潤がおなじになるような、かくてまた価値が生産価格へと転化するような需要供給関係をつくり出すのである。（S. 205 f.）

マルクスによるアポリアの解決㈢――残された一般的問題？

右で素描されている資本の移動が可能となるためには、資本と労働力の可動性が担保されている必要があります。資本が貨幣資本のかたちで蓄積されて流動化し、いっぽう労働者たちのあいだで就労可能性の選択肢が保障されている必要があるわけです。また資本の移動が現実的には追加的投資にさいしての資本移動であるかぎり、信用制度の発達が、不可欠な条件となることでしょう。問題は次章へと繋がってゆきます。本章では最後に、生産価格をめぐって長く争われてきた一般的問題にだけ、ほんのすこしふれておきます。

マルクスは生産価格の問題を論じるにあたって、或る文脈でひとつの留保をくわえていました。資本Aが資本Bから原料を買うとしましょう。Aにとっては費用価格の一部である、その価値は、Bにとってはすでに生産価格で計算されています。ここでは「商品の生産価格がその商品の買い手にとっては費用価格であり、したがって費用価格としてべつの商品の価格形成のうちにはいって」しまっているわけです(K. III, S. 174)。――費用価格の算定にさいして、価値タームで計算される生産要素は、生産価格を基準にして市場に供出されるのだから、費用価格の構成にはすでに、価格タームで表現されるべき生産要素が入りこんでいることになる。かくして、費用価格の算出にさいしてすでに循環的に生産価格の決定メカニズムが介入してくるのではないでしょうか。価値から価格へのいわゆる「転形問題」へと繋がる火種です。

第一次論争の火つけ役となったのは、リカード派の経済学者、ボルトケヴィッチです。その論点は、マルクスの分析視角では費用価格が生産価格化されておらず、したがってまた再生産過程とその条件が、考察から排除されているというものでした。ボルトケヴィッチはそこで、再生産をめぐる均衡条件が、価値の生産価格への転化の前後で、おなじようになりたつのかを問題とします。そののちもスラッファの――ウィトゲンシュタインが言語ゲームという着想を得るさい、きっかけのひとつを与えたといわれるあのスラッファです――「商品による商品の生産」論や、マルコフ過程をもちいたアルゴリズムの構成(置塩信雄)、森嶋通夫による、マルクス-フォン・ノイマン体系の構築等のこころみがつづき、問題は数学的にはすでに解決されたと見るむきもあります。置塩をのぞけば、重要な問題提起をおこなった研究者はことごとく非マルクス系の数理経済学者だったことにもこの論争の特徴があるように思います。あわせて注意しておく必要があるとすれば、この国を代表するマルクス経済学者たち――宇野弘蔵ならびにその学派――は当の問題に対して本質的な関心を示していないことでしょうか。こうした論争の細部をめぐって、本書では紹介する余裕もありませんので、かつて多く出版されていた一般的な解説書や、別著『マルクス 資本論の思考』の該当箇所をご覧ください。

疑似問題としての「転形問題」と科学批判の視点

ここでは私たちの立場からひとことだけ付けくわえておきましょう。ボルトケヴィッチ以来の論者たちによって展開された、問題〝解決〟のこころみは、問題の解そのものを、あるいは一次元的な時間軸上に線的にならぶ継起主義的手法によって、あるいはまた二次元的な平面での同時決定というしかたで索《もと》めようとするものでした。そこにはつよく近代科学的な因果性の概念が前提されています。――アルチュセールは近代科学における（デカルト的）機械論的因果概念と、（ライプニッツ／ヘーゲル的とされる）表出論的因果概念を区別したうえで、マルクスのそれは、重層的な決定をとらえようとする、構造的因果性の概念を提起するものだと主張していました。それは多次元的で非線型的な因果概念を前提とする概念であり、生産価格をめぐる

『資本論』の考察はまさにそうした認識範型《パラダイム》の典型例ともなっています。

それだけではありません。いわゆる転形問題において変換するもの、あるいは転換するものはほんとうはなんでしょうか。ふりかえってみましょう。費用価格、利潤、利潤率、一般利潤率、生産価格といったカテゴリーが、マルクスにしたがい順次みちびき入れられてきました。『資本論』はそのつど、それぞれの分析カテゴリーが倒錯と神秘化とをふくんでいるしだいを指摘していたことも、見てきたとおりです。価値から価格への転化あるいは転形が問題となるときに、その過程でじっさいに変換していたのは、むしろ認識の次元と視点であって、そこで問題となるものは分析者の立場から当事者の立場への転換なのです。廣松渉以来の物象化論的なマルクス解釈が強調してきたところにほかなりません。

商品価値は生産価格へと転化します。そこではたしかに、価値から価格への転換が起こっているわけです。ただしその場合の価値とは、ほんらい関係であるものが物象化した水準で問題となり、投下した労働量なるものによって測られる虚構であり、価格とは投下された資本の量がそれを実現するとされる仮象です。それらはともに経済をめぐる数量的科学としての経済学に内在する、市場の支配を正統化する世界像ではないでしょうか。あえて繰りかえしておくとするなら、マルクスにとってはこの経済科学こそがイデオロギーだったのです。

第Ⅴ章　利子と信用——時間のフェティシズム

50代のマルクス

「座りこむ者」と「放浪する者」――商人資本、商業資本、金融資本

単純な経済の形態を考えてみると、なにかを入手する方法はふたつに分かれます。ひとつは狩猟と採集で、いまひとつは交換です。ひろい意味での交換には、さらに贈与と狭義の交換がふくまれ、後者については自家交換と委託交換が区別されるでしょう。委託には、おなじ共同体の成員による場合と、それじしん共同体と共同体とを架橋する場合とが存在することも重要な区別となります。すでにプラトンがソフィステース篇で提起している分割法です。

プラトンは国家篇のなかでも最後の区別に言いおよび、域内交易に従事する者と域外交易にしたがう者とを、それぞれ *κάπηλος* と *ἔμπορος* と呼びわけていました。第二の者がポリスからポリスへと放浪してゆくエンポロス、第一の者は市場《アゴラ》で売買するカペーロスです。カペーロスはとりわけ広場《アゴラ》に座りこんでいるだけの、体力がなく、ほかの仕事には向かない者たちであるとプラトンは言います。ポランニーが、そのほかの古代文献も参照しながら付けくわえているように、古代にあって両者の区分は、一方で都市《ポリス》の成員と外来者《クセノス》との境界線と交錯し、他方ではジェンダーの分割線と一致して引かれることも多かったようです。市場に座りこむ者たちのあいだには机《バンコ》を置いて両替などに当たる者たちもふくまれますけれども、金融の起源もまた

おそらくは広場で展開されたなりわいのひとつにあるのでしょう。ちなみに九州地方でいまも縁台などを指して使われるバンコという表現は、ポルトガル語の banco に由来するもので、語形としては、ルネサンス期いらい銀行《バンク》の意味で使われたイタリア語 banco とおなじです。

マルクスは『資本論』第一巻の「商品」論の文脈で「本来の商業民族は、エピクロスの神々のように、あるいはポーランド社会の気孔のなかのユダヤ人のように、ただ古代社会のあいだに存在するだけである」(K. I, S. 93)と書いていました。エピクロスへの言及は、キケロの記述(『卜占について』)に依拠するものでしょう。デモクリトスとエピクロスとの差異を論じた学位論文このかたの、マルクスの古典学の研鑽を思わせるところです。『資本論』第三巻においても「ただたんに商業が資本制的な生産様式よりも古いばかりではなく、商業資本もそのとおりであり、じっさい商業資本は資本の歴史的にもっとも古い自由な存在様式である」(K. III, 337)しだいが確認されたうえで、以下のように書かれています。

古代の商業民族は、さまざまな世界のあいだに存在していた、エピクロスの神々のように、あるいはまた、むしろポーランド社会の気孔のなかに棲む、ユダヤ人のように存在していた。最初の独立な、かつ大規模に発達した商業都市や商業民族の商業は、純粋な仲介商業として、生産に携わる諸民族の未開状態にもとづいていたのであり、かれらはこれらの民族のあいだで媒介者の役割を演じたのである。

資本制社会以前のさまざまな段階では商業が産業を支配している。近代社会では、それとは逆である。 (*ibid.*, S. 342)

マルクスはべつの箇所で「商人資本あるいは商業資本は商品取引資本と貨幣取引資本というふたつの形態または亜種にわかれる」(S. 278)とも書いていますし、多くのばあい商人資本(Kaufmannskapital)と商業資本(Handelskapital)をことばのうえで区別していません。とはいえ、資本制以前にすでに成立した商人資本と、資本制的生産に基礎を置いて、その剰余価値の分配を受ける商業資本とのあいだには概念的区別があります。資本制が成立するための条件は商人資本のじゅうぶんな発達であって、産業資本はその内部でいわば分泌されますけれども、近代的な商業資本は商人資本の運動形式を継受しながら、すでに産業資本の運動を前提とし、その運動を補完するものとして特異な歴史性を帯びているからです。――ことがらには裏面もあります。マルクスは、商人資本にあって利潤は「大部分についていえば、詐欺瞞着」から生じたと言います(S. 343)。たほう商業資本にいたってもなお「商人や相場師や銀行家の表象は必然的にまったく顚倒している」(S. 344 f.) ともマルクスは主張するわけですね。

プラトンは、カペーロスが「ほかの仕事には向かない者」であると言っていました。アリストテレスは家政術と商人術を区別し、後者は「自然に反した」いとなみであると見なしたうえで、とりわけ貨幣そのものから財を獲得する高利貸しに憎悪をあらわにしています(『政治学』第一巻第一〇章)。トマスも利子を取ることは「それ自体として不正 *secundum se injustum*」であると言います。第一に挙げられる理由がおもしろいところです。そこでは「存在しないものが売られる *venditur id quod non est*」しだいとなると言うのです(『神学大全』第二/二部第七八問第一項)。カントもまた、正直な商人に対してすら道徳的な猜疑心を隠していません。義務にかなった行為と「義務から発する行為」とのあいだで、善意志に満ちた商人すら立ち往生してしまうことでしょう(『倫理の形而上学の基礎づけ』)。マルクスもある意味では、商業資本と金融資本に対するいわば〝哲学的な敵意〟を継承しているようにも思われます。

産業資本に寄生する存在としての商業資本

『資本論』第三巻は「資本制的生産の総過程」をあきらかにしようとして、資本の運動過程における「具体的なさまざまな形態」をも主題化しようとするものでした(本書、一七一頁)。

そのかぎりでは、まず商業資本にも正当な位置が与えられ、その必然性が解かれなければなりません。本章ではいわゆる「利子生み資本」という論点と信用制度の問題を中心に考えてゆく予定ですが、さしあたり商業資本にかんするマルクスの認定を見ておきましょう。

マルクスの説明を整理してみます。社会の総資本の構成は不断に変化して、その量もたえず増減していますけれども、その一部はつねに商品として市場に存在し、「貨幣へ移行しよう」としている。たほう他の一部分は貨幣としておなじく市場のうちにあり、同様に「商品へ移行しよう」としているわけです。「流通過程にある資本のこの機能が、一般に特殊な資本の特殊な機能として独立化され、分業によってひとつの特別な種類の資本家に割りあてられた機能として固定される」ばあい「商品資本は商品取引資本あるいは商業資本となる」と、マルクスは言います（K. III, S. 278）。――商業資本とはこうしてひたすら流通局面に棲みついて、商品から貨幣への、また貨幣から商品への転化をなかだちすることに専業する資本のことです。だからマルクスの認定によると、それは産業資本（農業資本をもふくめておきます）の循環を円滑にするための媒介環をかたちづくるものであるとはいっても、商業資本はかんぜんに流通過程のうちに封じこまれ、基本的に産業資本に寄生するかたちでなりたつものにすぎません。

もっとも産業資本、たとえばリンネルの生産者の側からみれば、商業資本がかれの生産物を購入したことで、リンネル生産者はすでに生産されたリンネルの価値を実現して、みずからの商品資本にかんしてその「メタモルフォーゼの第一の局面」つまり「貨幣への転化」をすませていることになります。リンネル製造業者は、だからその貨幣によってあらためて生産手段を買いいれて、再生産過程を継続することができるわけです。もちろんリンネルそのものはなお商品資本として市場に存在しており、ただそれが「以前は生産者の手にあったのに、いまでは商人の手にある」だけです。W—Gはほんらい産業資本にとって最大のリスクともなる、商品の〝命がけの跳躍〟ですが、それを商業資本が代行してくれるわけです(*ibid.*, S. 280 f.)。

商業資本の産業資本への寄与はなにか

産業資本の流通過程としてあらわれる商品流通W′—G—Wにあって流通は、一定量の貨幣が二度その持ち手を替えることで媒介されます。たとえばリンネル製造業者はリンネルを売って貨幣を手にし、入手された貨幣は糸や石炭や労働力を購入するのに手ばなされます。リンネルを取りあつかう商業資本はそうではありません。商業資本の場合はリンネルを買い、リンネルを売ります。ここでは、したがって、貨幣ではなく商品が「二度、場所を転換する」。あるいは商品が「二回、売られる」。この場所転換によって、貨幣が(増殖して)回収され、還流するのです(K. III, S. 282)。

商業資本にとってもW―G(売り)は命がけの跳躍ですから、商業利潤とはこのリスクを代行することに対する対価である、という理解も可能でしょう。またこのリスクは、商品の価値が貨幣形態で実現するために不可避のリスクですから、それじしん生産過程の延長であると見ることも可能かもしれません。しかしマルクスはそうした説明を採りません。流通過程ではなにも生まれない(一二六頁以下で見たように、ただし運輸を除けば、です)、というのが『資本論』の基本的立場ですので、「商人資本は、価値も剰余価値も創造しない」ことをマルクスとしてはゆずりません。ただし、たしかに商業資本は産業資本に対して寄与するところがあるのです。それは商業資本が「流通期間の短縮に役だつかぎり、間接的に産業資本家の生産する剰余価値を増やすのを助けることができる」という点です。すなわち商業資本が「流通期間を短縮するかぎりでは、前貸資本(産業資本の投下する資本)に対する剰余価値の割合を、すなわち利潤率を高める」わけです。また商業資本自体がみずから市場を拡張して、かくて「資本がより大きな規模で作動するのを可能とする」という面では、その機能は産業資本の「生産性とその蓄積を促進」します(*ibid.*, S. 291)。商業資本は産業資本に寄生しているとは言いますけれども、以上のかぎりにおいてそのありかたはむしろ、生物学でいう相利共生にもあたります。

すこしもとにもどって脱線し、先ほどの概観に修正をくわえておきます。アリストテレスには、商品―貨幣経済に対して警戒的な視点、商業を反自然的ないとなみと見なす傾向があったことについては、すでにいくどかふれてきました。アリストテレスを承けたトマスの認定は、ひどく微妙です。トマスによれば、商業利得は「なんら高潔なふしも必然的なところもふくんでいなかっただろうが、いっぽうなんらその本質において悪徳、あるいは徳に対立するものもふくんでいない *non importet aliquid honestum vel necessarium, nihil tamen importat in sui ratione vitiosum vel virtuti contrarium*」(『神学大全』第二／二部第七七問第四項)のです。マルクスの認定にも、おなじように微妙なところがないではありません。

いずれにしても問題は、商業資本がその利潤をどのように手にするのか、でした。一見したところ簡単そうなこの論点をマルクスが周到に検討しているのは、それが例の生産価格と一般利潤率をめぐる論点に一定の訂正をくわえるものであったからです。

商業利潤の不可避性、ならびにその可能性への問い

そもそもなぜ社会的に商業利潤は必要とされるのか、を考えておきましょう。産業資本は、じぶんの生産した商品の価値を実現して、その価値をふたたび生産要素(生産手段と労働力)へ

と転化しなければなりません。このW′―G―Wを媒介する時間は価値を生まず、かえって価値と剰余価値との生産にさいしてその「限界」を劃定するものです（K. III, S. 292）。商業資本は、けれども、それが独立して営業されるものであるかぎり、みずから利潤を獲得するものでなければならない。しかも産業利潤と同等の利潤をあげるものでなければならないはずです。テクストを引きます。なお引用中の「商人資本」は「商業資本」と読んでください。

商品取引資本はただ価値と剰余価値の実現を媒介して、同時にまた商品の現実の交換、或るひとの手から他のひとの手への商品の移行、つまり社会的な物質代謝を媒介するだけである。にもかかわらず産業資本の流通段階であれ、生産とおなじように再生産過程の一段階をかたちづくっているのだから、流通過程で独立に機能する資本も、さまざまな生産部門で作動する資本と同様、年間平均利潤をあげなければならない。もし商人資本が産業資本よりも高い百分率平均利潤をあげるなら、産業資本の一部分は商人資本へと転化するだろう。かりに商人資本がより低い平均利潤しかあげないならば、反対の過程が生起するはずだ。商人資本の一部分は産業資本に転化するはずなのである。（*ibid.*, S. 293）

競争による部門間の移動を考えるなら、商業資本にも産業資本そのものと同等の平均利潤が保障される必要がある。とはいえ、商業資本自身は剰余価値を創出しないのだから、問題は、どのようにして商業資本が「生産的資本の生みだした剰余価値または利潤のうちからみずからのものとなる部分をじぶんに引きよせることになるか」、つまり、商業利潤はどのようにして可能となるのか、にほかならないわけです(*ibid.*)。

ここで商業利潤は「たんなる追加」であって、「商品の価値を越えて、商品の価格を名目的に引きあげるもの」であると答えることは問題の解決とはなりません。マルクスによればそれは「たんなる外観《シャイン》」(*ibid.*)にすぎず、ただの「現象《エアシャイヌング》」にほかならない(*S.* 295)。この仮象《シャイン》を解きほぐすことによって、商業資本が産業資本に寄生しながら、しかも双方の関係が相利共生でもあるしだいが解明されるはこびとなるわけです。

商業利潤、生産価格、一般利潤率

商業利潤が商品の価格から引きだされるほかはないことは自明です。商業資本が利潤を上げるさいに利用する差異《ディフェレンツ》が(ここでは流通費等の追加費用は考えません)、商品の購買価格と販売価格との「差額《ディフェレンツ》」に由来することもおなじく明白でしょう(K. III, *S.* 293)。

産業資本も、その商品の購買価格と販売価格との差異から利潤を引きだしています。前章で見たように、産業資本にとっての商品の購買価格はその費用価格であり、販売価格とは商品の生産価格にほかなりません。ここで産業資本が商業資本に、商品をその生産価格どおりに販売するとし（例の総計一致命題がなりたっているとすると、一社会の総商品価値としてはその価値どおりに売るということです）、商業資本はおなじ商品に「名目価値」を上乗せして販売するとすれば、つまりは「商品をそれがあたいするよりも高く売ること」になります（*ibid.*, S. 294）。そうではないとマルクスは主張します。むしろ商業資本とは、当事者の立場にそくしていえば「利潤の生産には参与することなく、その分配には参加する」資本である、とマルクスは考えなおすのです（S. 295）。この件を前提に一般利潤率と生産価格が捉えなおされるわけです。

議論を簡単に再構成します。一年間に投下される産業資本の総額を、不変資本七二〇、可変資本一八〇とし、剰余価値率を一〇〇％とします。産業資本の年間の総生産物は720c＋180v＋180mとなりますから、その生産物をWとすると、Wの価値（総計一致命題がなりたつとして、Wの生産価格）は、一〇八〇となる。産業資本の総資本は720＋180＝900で、剰余価値（利潤）である一八〇を九〇〇で除すると〇・二ですから、利潤率は二〇％です。この利潤率は、総産業資本について計算されているわけですから、同時に一般利潤率にほかなりません。

ここで九〇〇の産業資本にくわえ、なお一〇〇の商業資本が参入して、流通過程を担当するものとします。商業資本もその大きさに比例し、産業資本とおなじ利潤の分けまえを取得するものとしましょう。この変更によって、総資本は720＋180＋100＝1000となりますから、商業資本は総資本に対して一〇分の一の分けまえ、すなわち180×0.1＝18にあずかり、商業資本一〇〇に対する利潤率は一八％です。180－18＝162が産業資本の取り分となりますが、これを総産業資本に対して計算すると162÷900＝0.18で、利潤率はおなじ一八％となります。

この前提のもとでは、産業資本はその生産物Wの全体を、720c＋180v＋162m＝1062で売るはこびとなり、さらに商業資本が、みずからの資本一〇〇に対する平均利潤の一八％を上積みして商品を販売すれば、その価格は1062＋18＝1080です。Wの生産価格（あるいは、総商品資本としてみるならばその価値）は一〇八〇ですから、結果からみれば商業資本は総商品をその生産価格で売っていることになるはずです。

商業資本と市場経済の脆弱性――恐慌はまずどこで生起するか？

結論はこうなります。いま商業資本が商品資本の流通に決定的に関与している体制を前提とするかぎりで「一般利潤率の形成のうちにこうして商人資本は、それが総資本のなかで占める部分の割合に応じて（*pro rata*）規定的に参与する」（K. III, S. 296）ということです。すなわち商業資本は「剰余価値の生産には参加しないにもかかわらず、剰余価値の平均利潤への平均化には参入する」わけです（*ibid.*, S. 297）。

商業資本は価値一般の生産には関与しないかぎりでは、ほんらいは産業資本に対する補完的機能をになうにすぎません。その商業資本が、再生産体制そのものに対する攪乱要因をかたちづくることがありえます。商業資本はすでに仕入れた商品を売りきってしまうまえに、商品の仕入れ（買い）を開始し、反覆することができます。そもそも、W—G（売り）とG—W（買い）とは分離されることができます。それだけではありません。信用制度——信用制度とは、商品が現実に売れるまえにそれが売れたことにしてくれるものです（この件にかんしてはあとで考えますけれど、さしあたり本書の六六頁以下を想いだしてください）——を背景とし、商業資本が肥大化するとともに「或る能動的《アクティヴ》な需要」、それでも結局のところ仮想的《フィクティヴ》な需要が、商業資本そのものによって創出されることになるのです。結果はどうなるでしょうか。

商人資本の運動は、その独立化にもかかわらず、だんじて流通部面の内部における産業資本の運動以外のものではない。しかしながらこの独立化によって商人資本は、或る範囲内で再生産過程の限界とはかかわりなく運動するのであり、かくてまた再生産過程をその限界を超えて推進する。内的な依存性と外的な独立性により商人資本は駆動されて、内的な関連が、恐慌によって暴力的に回復される地点まで追いたてられるのである。かくて、恐慌における或る現象が生起することになる。すなわち恐慌がまずあらわれ、爆発するのが直接的な消費に関係する小売業ではなく、卸売業や、それに社会の貨幣資本を用立てる銀行業である、という恐慌の現象がそれにほかならない。（S. 316）

貨幣取引資本（貸付資本）の問題への移行

恐慌の前夜に（必然的に好況末期ということになります）小売業ではなく、卸売業に恐慌の兆候があらわれるのは、そこに投機的取引が紛れこんでゆくからです。銀行、また一般に貸付資本が、これに豊富な資金をも提供していきます。好況期の伸び率から外挿的に期待される「見込み需要」がそれを後押しするでしょう。「とはいえ、どこか目にみえない一点で、商品が売れずに溜まっている」。こうして「仕入れた商品がまだ売れていないにもかかわらず、そのために振りだした手形は満期になり」、銀行には支払いを迫られる。ついには「支払いをするための販売」がはじまって、「外見的な繁栄に対して一挙に終末を与える」のです（*ibid.*, S. 316 f.）。

支払期限に強迫された商品の「投げ売り」については、すでに一度ふれておきました(本書、一五二頁)。銀行は好況が泡《バブル》と消えると資金の回収に走ります。いまやマルクスのいう「貨幣取引資本」(七五、一九二頁)、ひろく貸付資本について見てゆく必要があります。

商品交換は共同体が果てる地点からはじまりました(三六頁)。貨幣制度も共同体のあいだの生産物交換過程の内部で分泌されてゆきます。貨幣取引業、つまり両替し、為替をあつかい、貨幣を貸しつける業務も、域外交易から発展してきたわけです(八一頁)。貸付資本の起源は、もうひとつには高利資本に存在し、高利資本は商人資本とならんで「その双生の兄弟」です。それは「資本の大洪水以前的な形態」でもあります(*ibid.*, S. 607)。

高利資本は第一に、浪費をその職分の一部とする者たち、主要には土地所有者たちに対して貨幣を貸付けます。第二に、手工業者、農民といった生産手段を所有する小生産者に対する、おなじように高利をともなう現金貸付けをおこないます。高利資本はかくてなかば自給自足的な自然経済の内部へ外部から侵入して、その分解を促進させながら、「巨大な貨幣資本の形成と集積」とを準備してゆくことになるわけです(S. 608)。その意味で、この大洪水以前的形態は、資本制的な産業資本と商業資本との成立に対しても大きな意味を有しているはずです。

バルザックが描く小農民は、高利貸しの好意をつなぐために無償で労働力を提供しながら、より深く「高利の蜘蛛の巣」へと捕えられてゆきます(S. 49)。トマスの主張では、貨幣を貸して利子を取ることは不正ですけれども、「貨幣によっては測られないもの *ea quae pecunia non mensurantur*」を受けとるのは罪ではありません(『神学大全』第二／二部第七八問第二項)。大洪水の混乱を生き延びた蓄蔵貨幣は、資本制の網の目のいたるところへと入りこんで、無償の贈与(*donum gratis*)の意味そのものを変更してゆくことになるでしょう。やがて利子生み資本として成熟する貸付資本は、時間という無償の贈与を利用して、自己増殖してゆくことになるからです。――マルクスはホラティウスを引いて、土地所有者を「果実を消費するために生まれてきた *fruges consumere nati*」者と呼んでいました。貨幣所有者もまた「じぶんが手をくわえることなしに生みだされた社会的な発展の果実を、自身のポケットにおさめ」(S. 633)ます。貨幣はそのとき、利子生み資本へと成長しているわけです。

資本の運動、貨幣取引資本、利子生み資本

資本とは不断の生成であり、たえることのない運動です。産業資本ならば、貨幣資本、生産資本、商品資本という三つのすがたを遍歴しながら、その運動のなかで剰余価値を産出しつづけてゆきますが、産業資本であれ商業資本であれ、循環のなかで一定期間、貨幣資本の形態をまとわなければなりません。総資本の一部はまた一方ではつねに貨幣資本として分離し、遊離して、それが貨幣であることで遂行しうる機能を果たさなければならないわけです。産業資本であるなら、たとえば市場に貨幣を投下することで、生産要素(生産手段と労働力)を調達する必要があります。総資本の一部は他方でつねに商品資本の形態にありながら、商品資本は可能なかぎりすみやかに貨幣資本へと転化することを欲望しています。資本はつまり、それが貨幣となることを欲求しつづけているわけです。

かくて資本は、たえず「貨幣を払いだし」(生産要素の購買)、不断に「貨幣の支払いを受けている」(商品の販売)。そのさい貨幣が支払手段として機能するときであるなら「差額計算や決算行為」が要求されます。貨幣資本のこの運動そのものは、産業資本の運動の一部分が独立したものにすぎません。マルクスとしては、その費用も、たんに「一箇の流通費用」にすぎないと見ます(K. III, S. 327 f.)。とはいえ、全社会的な分業の進展のなかで、特定の資本がその操作をになうことが可能となり、また必要ともなるでしょう。資本の流通過程には、貨幣資本のみがなしとげる純粋に技術的なさまざまな運動があります。一定の資本が「その機能を、またたんにその機能だけをみずからに特有な操作として遂行するようになる場合には、この資本は貨幣取引資本に転化する」(*ibid.*, S. 327) わけです。——貨幣蓄蔵は、二重の意味で資本制的な再生産にとって不可避です。ひとつに支払準備金として、いまひとつにあらたに投下されるべき貨幣資本のプールとしてということになります。こうした貨幣蓄蔵にさまざまな操作、保管や記帳、貨幣の支出、収納、決済等が連結してきます。貨幣取引業者はまず、これらすべての操作を「商人や産業資本家のたんなる出納代理人として遂行する」だけなのです(S. 331)。

これに対して、貨幣取引資本に「貸借の機能や信用の取引」が結合するときに、それは一箇の「利子生み資本 das zinstragende Kapital」として生成することになります(S. 332)。利子生み資本とともに、なにがあらわれるのでしょう。そこでは貨幣そのものが商品となり、資本それ自体が商品となる。資本制の神秘化過程が、時間のフェティシズムとむすびあって、資本制にとって最後のフェティッシュを生みだすことになるわけです。

利子生み資本の概念と「資本の商品化」

マルクスは、現行の『資本論』第三巻第五篇第二一章で「利子生み資本」を論じはじめるにあたって、つぎのように書いていました。引用しておきましょう。

> 貨幣は(中略)資本制的生産の基礎のうえで資本へ転化させられることが可能であって、

この転化によって、或る一定の価値から、じぶん自身を増殖し、増大させる価値となる。それは利潤を生む。すなわち、それは、資本家が労働者から一定量の不払労働、剰余生産物、剰余価値を引きだして、みずから領有しうるようにするのである。かくして貨幣は、じぶんが貨幣として有している使用価値のほかに、一箇の追加的使用価値、つまり資本として作動するという使用価値を獲得するのだ。ここで貨幣の使用価値とはほかならぬ利潤のなかに、すなわち貨幣が資本に転化して生みだす利潤のうちに存している。このような属性、つまり可能的資本としての、利潤を生産する手段としての属性にあって貨幣は商品になる。とはいえ独特な種類の(*sui generis*)商品となる。あるいはおなじことがらに帰着するけれども、資本が資本として商品となるのである。(K. III, S. 350 f.)

貨幣とは商品の一種であり、商品交換の内部で分泌されて、それじしん一般的な商品となるものでした。いまや貨幣があらためて商品となる。それは、貨幣のたんなる所有が利子を生むことによってです。利子を生む貨幣はそれじたい資本となる。資本が、さらに利子生み資本として商品となるわけです。マルクスの設例にそくして見ておきましょう。

年間平均利潤率を二〇％と想定します。その想定のもとで一〇〇ポンドの資本を、平均的な条件のもとで運用すると、二〇ポンドの利潤をあげることになるでしょう。いまAが、一〇〇ポンドを所有しており、現実にそれを資本として充用する者Bの手に一年間だけ預けておくとすれば、くだんの一〇〇ポンドは二〇ポンドの利潤を生むことになるはずです。

その場合、一〇〇ポンドの処分権を有している者(A)は、一〇〇ポンドを一二〇ポンドへと増殖させる「可能的資本」を手中にしているわけです。じっさいに資本を充用するBを「機能資本」と呼ぶことにすると、機能資本Bは、一〇〇ポンドの使用価値——二〇ポンドの利潤を生産するという機能の使用価値——の代価としてたとえば五ポンドを支払うことでしょう。Bの利潤からAに支払われる部分が「利子 *Zins*」と呼ばれます(*ibid.*, S. 351)。

利子生み資本の合理と不合理(一)——時間のフェティシズム

貨幣の所有が「利子を引きよせる力」、つまりじぶんの資本により生産された利潤のいくばくかの部分を引きよせる力」をそなえるにいたります(*ibid.*)。かくてまた利子生み資本の運動はG—G—W—G′—G′というものとなる。G′はG＋⊿Gですが、⊿GはAにとっての利子をあらわしますから、したがってG′(B)－G′(A)＝⊿G＞0となるわけです(S. 352 f.)。

マルクスは言います。「じぶんの貨幣を利子生み資本として増殖しようとする貨幣所有者は、これを第三者に対して譲りわたし、それを流通へと投じて、みずからの貨幣を資本として商品にする」。貨幣が、はじめから資本として、剰余価値、利潤を創造するという使用価値を有する「価値として、第三者に引きわたされる」わけです。すなわち「第一に、一定期間ののちにはその出発点に帰ってくるという条件のもとで、第二にはまた実現された資本として、かくてまた剰余価値を生産するというその使用価値を実現した資本として帰ってくる、という条件のもとでのみその価値は譲りわたされる」ことになります(S. 355 f.)。

利子生み資本という形態のもとで資本はいわば自己増殖します。利子生み資本が貨幣資本として存在し、貨幣として還帰するかぎり、ここでは貨幣が貨幣を生んでいるわけです。そこであらわれているのは「じぶん自身に対する関係としての資本」(本書、一七七頁)です。じっさい「資本制的生産過程を全体および統一体として見るなら、資本はそうした関係としてあらわれ」、「この関係のなかで資本は貨幣を生む貨幣としてあらわれる」のです(S. 357)。

Aはたしかに、貨幣を貨幣としてではなく資本として手ばなしていました。とはいえ貨幣の資本への現実の転化はBの操作をつうじて遂行されており、Aにとってはただその果実の一部が還流するだけのことです。貨幣の取引の背後、あるいはその「かなた jenseits」には、資本の現実の運動と資本関係とが展開されているとはいえ、その操作の全体は利子生み資本の運動からは見とおすことができません。利子生み資本の運動が呈するのは、あたかもただの時間の流れ、もしくは「時間的間隔 zeitlicher Zwischenraum」が価値を生むかのような現象であり、つまり――と、ヘーゲルを想起しながらマルクスは書きついでいきます――「現実の資本運動の概念を欠いた形態」なのです(S. 361)。時―間がここでは物神《フェティッシュ》となります。利子生み資本を正当化するものは、時間に対する物神崇拝《フェティシズム》であることになるでしょう。利子という不合理のなかで、未来という時間がもの、利潤を生むものとして凍結されています。あらかじめ利子をさだめて貨幣が資本として貸しだされるとき、トマスが言うとおり(本書、一九三頁)、そこではたしかに「存在しないものが売られ」ています。だれかがワインとワインの使用をべつべつに売ろうとするならば、その者は「おなじものを二度売ることになるだろう *venderet eandem rem bis*」。貨幣を貸しだして利子を取ることは、これとおなじことだとトマスが主張しているとおりです。おなじものをべつのものと見せているもの、同一性から差異を構成しているものは、時間という目にみえないもの、あるいは未来という不在の形式にすぎません。

利子生み資本の合理と不合理㈡――利子率、地代、土地の価格

マルクスは『資本論』第一巻でいわゆる「資本の一般的定式」を与えていました。その箇所

を引用したさいに注意しておいたように(本書、七五頁以下)、資本が資本である基本条件とはその自己増殖であると考えれば、G…G′という資本の自己運動の定式こそが資本一般の形式を代表しているといってよい面があります。端的に時間的差異を利用する利子生み資本は、その非合理においてなおもっとも純粋な資本なのです。

貨幣が「潜勢的な資本」であることがひろく承認されていることで(K. III, S. 367)、時間そのものが価値を生むという神秘が、あたかも神秘ではないかのように神秘化されます。「資本の価格としての利子とは元来まったく不合理な表現である」(*ibid.*, S. 366)。それにもかかわらず、この不合理が、それじたい非合理な前提のもとで合理化されるということです。

がんらい利子は「自然に反した」(アリストテレス)ものです。そのかぎりで「利子の自然な率」、妥当な利子率などというものもありえません(S. 374)。利子とは機能資本が獲得する利潤のうちから、貨幣所有者に支払われるべき一部分ということになりますから、一般的にいって「利子の最高限界としてあらわれるのは利潤そのもの」であることはたしかです。たほう利子がもともと無根拠なものであるかぎり、「利子はどのような低さにでも下がることができる」のです(S. 370)。——もちろん長期的にいえば、利子率はともあれ平均利潤率により規制されることでしょう。利子率は、とはいえそれ自体としては、利潤率から相対的に独立して変動します。とりわけ利子の最高限度は、かえって恐慌にこそ対応するのが通例です。恐慌期には、むろん利潤率が最低限まで低下するわけですから、利子率はそこで利潤率とまったく背反した運動を示すということです（S. 372 f.）。

注目すべきことのひとつは、利子率が土地の価格と連動することでしょう。土地は「労働の生産物ではなく、したがってまた価値を有してはいない」にもかかわらず、土地に価格が付けられ、売買されます。その場合たとえば標準的な利子率が五パーセントであるとすると、年額二〇〇ポンドの地代も四〇〇〇ポンドという資本の利子とみなされ、その果実から逆算されて「土地の購入価格あるいは土地の価値」が決まることになります。例についていうなら、一年ごとに二〇〇ポンドの果実を生む土地の価値は四〇〇〇ポンドと算定されるわけです（S. 636）。だから土地価格にはしばしば一種の錯乱が生起します。つまり土地の取引価格は、地代が上昇しない場合でも利子率が低下することによって上昇しうるわけです（S. 785）。思えばバブルを惹起した一因は、一九八五年のプラザ同意による利子率の異様な低下だったのでした。

資本のフェティシズムの完成形態としての利子生み資本

資本は、利子生み資本にいたって「完成した資本」となります。つまり「資本が、利子すなわち資本自身の増殖分の、神秘的かつ自己創造的な源泉として現象している」。商品ならびに貨幣という事物が資本であり、たほう「資本がたんなる事物として現象する」わけです。梨の実をむすぶことは、梨の木の「属性」です。それとおなじように、ここにいたって、利子を生むことが「貨幣の属性」となります。かくて「資本のフェティッシュ的なすがた」が完結する。G—G′は、運動と関係としての資本の最高度の「顚倒と物象化 Verkehrung und Versachlichung」であり、「もっとも光眩い形態における資本の神秘化」なのです（以上、K. III, S. 404 f.）。マルクスはほとんど呆れかえったようにしるしています。

> 資本はいまでは事物であるが、しかし事物として資本である。貨幣はいまでは胸に恋を懐いている。貨幣が貸しつけられさえすれば、または再生産過程に投下されさえするならば（中略）、それが寝ていようと起きていようと、家にいようと旅に出ようと、夜であろうと昼であろうと、それには利子が生える。こうして利子生み資本では（そしてすべての資本はその価値表現からみれば貨幣資本であり、いいかえるなら、いまでは貨幣資本の表現とみなされる）、貨幣蓄蔵者の敬虔な願望が実現されているのである。（*ibid.*, S. 406）

貨幣蓄蔵者の敬虔な願望とは、「あたかもぶどう酒を穴蔵に入れておけば、ある時間ののちにはその使用価値もよくなるように」(*ibid.*)貨幣が貨幣を生みつづけることなのです。

イギリス経験論とスコットランド啓蒙——利子と地代をめぐって

ここでひとつ余論を挟んでおきましょう。ロックが『市民政府二論』のなかでいわゆる労働所有論を展開したしだいについてはよく知られているところです。人間の「身体の労働、手のはたらきは、まさにそのひとのもの」であるがゆえに、労働のくわわった対象はその所有物となる。ロックは、だからその論考「利子引き下げと貨幣価値引き上げの諸結果にかんする若干の考察」のなかで、利子と地代は「あるひとの労働の報酬であった利得を他のひとのポケットに移すもの」とも書いています。バークリもまた、経済学的な論攷『質問者たち』を著して、「土地そのものを富であると考えるのはあやまりではないだろうか」と発問していました。

ヒュームは論文「利子について」の一節のなか、「この世にあるすべてのものは労働により購買される」と主張します。ロックの労働所有論とスミスの労働貨幣論のあいだに、ヒュームのこの所論を位置づけることができるでしょう。商業が発達すれば商人のあいだに競争が生じるから、利潤率はしだいに低下する。同時にまた、発展した商業資本に対して多数の貸し手があらわれて、そこでも競合がおこることで利子率も必然的に低下する。利潤と利子の率が低くなることは、ですからヒュームによれば「国民の繁栄に対するほとんどまちがいのないしるしのひとつ」なのです。――ヒュームは、その友人アダム・スミスとともに、いわゆるスコットランド啓蒙を代表する思想家です。ヒュームの名がスミスとならんで経済学史のなかに刻まれるにいたったのは、マルクスの『剰余価値学説史』の功績のひとつです。利子観自体が資本制的生産関係の進展につれ変容するというマルクスの観点からすれば、ヒュームとスミスの背後には、往時のスコットランド産業の繁栄と、大洪水以前的な商業資本の根づよい支配が隠されていることになるでしょう。

貨幣経済、支払手段、信用経済

すこし振りかえっておきましょう。第II章ですでに見ておいたように(本書、六五頁以下)、支払手段としての貨幣の機能は信用取引とともに作動を開始し、一方で貨幣蓄蔵が信用取引を可能としてゆきます。支払手段としての貨幣が、信用制度そのものを可能としますから、信用経済はそれ自体として「貨幣経済のひとつの形態」にすぎないわけです(K. II, S. 119)。

資本制の発達につれて、信用制度(Kreditwesen)自体もまた進展してゆきますが、その発展を促すものは資本間の競争と、その結果である資本そのものの集中です。『資本論』第一巻のなかですでにマルクスは、資本の集積と集中のけっか「より大きい資本がよりちいさな資本を打ちたおす」(K. I, S. 654 f.) と書いたあとで、つぎのように説いています。

このような事情はべつとしても、資本制的生産の発展にともない一箇のまったくあらたな力である信用制度が形成される。信用制度は当初は蓄積の控えめな助手としてこっそり入ってきて、社会の表面に大小さまざまな量で分散している貨幣手段を、目に見えない糸で個別資本家や結合資本家の手に引きいれて、やがては競争戦におけるひとつのあらたな恐ろしい武器となって、ついには諸資本の集中のための巨大な社会的機構へと転化する。資本制的生産と資本制的蓄積とが発展するにつれ、それとおなじ度合いで競争と信用が、このふたつのもっとも強力な集中の槓桿《こうかん》が発展するのである。(*ibid.*, S. 655)

信用制度を問題とすることは、一方では資本制を進展させてきた基本的な機構を捉えなおすことです。他方でそれは資本制の内部に埋めこまれ、その作動を保証する安全装置を、同時に資本制の危機をもたらす起爆装置として問いかえすはこびにつながることでしょう。

資本制的生産と信用制度の展開

資本制的生産そのもののありかたが、信用制度の展開を可能にし、必然的なものとしてゆきます。マルクスは『資本論』第二巻の流通過程論の展開にあって、その間の消息についておりにふれて論じていました。重要な論点のいくつかを拾いなおしておきましょう。

拡大再生産の条件には、一定の貨幣量がふくまれます。生産を拡大するためには、資本循環を反覆する必要があり、そのさい剰余価値が蓄蔵貨幣となって、潜在的な貨幣資本とならなければなりません。剰余価値の一部gが積みたてられるとき「その積みたてはg自身の機能ではなく、P…P′の繰りかえしの結果」(K. II, S. 88)です。貨幣蓄積はまた循環の攪乱(たとえばW′—G′が遅延する場合や生産手段が高騰する場合)を調整するための準備金としても機能します。こうした余剰金または準備金が、一方で銀行に預金され、他方で個別資本にかけるその不足が銀行の融資を受けて補塡されるわけで、再生産にともなう余剰資本は信用制度に基礎を与えるとともに、信用制度により保障されることになります(*ibid.*, S. 89)。——さらにまた再生産にともなう生産要素の在庫、たとえば紡績綿花や石炭は、もともと紡績業者自身が準備しておかねばならないもので、そのためにはW—Gを終了させて獲得した貨幣によって在庫を形成してゆかなければなりません。信用制度の発達はこの〝命がけの跳躍〟が終了するまえに、それが実現したことにしてくれますから、再生産そのものが「綿糸販売の偶然には依存しない」事態が可能となるわけです(S. 142-144)。W—Gが未来において完了したものとされ、この凍結された将来が現在の再生産を可能にし、またその拡大を可能とするということです。

資本の循環には生産期間と流通期間がふくまれ、それぞれの期間は産業部門と個別資本とによりまちまちですから、社会的総資本の観点からみるばあい「一年間に何回も回転する社会的流動資本のきわめて大きな部分」は「周期的に遊離資本の形態にある」(S. 282)。この遊離資本は資本制の発展につれて増大してゆくはずですから、この遊離した貨幣資本が、ふたたびまた信用制度の基礎のひとつとなり、また発達した信用制度にあって重要な役割を演じます。

要するにこういうことです。個別資本により直接に生産される剰余価値の一部は、それ自体として潜勢的な資本です。この潜勢的資本がたとえば銀行のもとに集中集積されてゆくことをつうじて現勢的な資本となります。これは銀行にとっては貸付可能な資本、利子生み資本ですけれども、個別(機能)資本にとっても利用可能な資本となる、ということです。信用制度は、かくて一面では資本制的な再生産にとってもっとも強力な集中の槓桿となるのです。

手形の発生をめぐって――原型としての「商業信用」

支払手段としての貨幣を問題としたさいすでに、貨幣蓄蔵は過ぎ去った時間の蓄積であるのに対して、信用貨幣は未だ到来しない時間の凍結である事情にふれておきました（本書、六七頁）。不確定な未来を確定したものとして凍結するのは、信用制度の大きなはたらきのひとつです。まずいわゆる「商業信用」のありかたから確認しておく必要があります。第II章でかんたんに先どりしておいた、手形の問題から考えておきます。

本書の六四頁以下ですでに引用しておいた、マルクスの説明を想いだしてください。商品が貨幣ではなく、手形と引きかえに売られる場合なら、それは商品が、期日を区切った支払約束と引きかえで売られることにひとしい。手形とはつまり一般にこの支払約束をしるした書面です。手形が、その満期支払日までそれ自身ふたたび支払手段として流通するときには、それは貨幣と同様に作動しているわけです。第II章では単純な、それ自体としては仮想的な例を考えましたが、ここで一般になぜ手形が登場する必要があるのかを考えておきます。

産業部門がことなれば、資本の規模、その構成、回転期間に差異が生じます。そのけっか、資本投下の時期にもことなりが生じますから、産業部門間ならびに個別資本間には、遊休資本の蓄積の量、期間等にかんしてそれじたい差異が生まれ、また差異が拡大してゆきます。そこで、特定の時期をかぎれば、遊休貨幣資本の運用を必要とする資本が存在するいっぽう、運転資金をもとめる資本も存在し、その両者が総資本中に併存する状態が成立することになるはずです。両資本のあいだの需給は手形(Wechsel)、つまり与信と受信の交換《ヴェクセル》をつうじて、商業信用によって一定限度内で調整される必要があります。――商業信用とは「再生産に携わっている資本家たちが、たがいに与えあう信用」のことですが、それを代理表象《レプレゼンタント》するものが手形、つまり「確定支払期限のある債務証券」すなわち「延払証券 document of deferred payment」にほかならないわけです。そのけっか、商業信用が成立している範囲では、「だれもそれぞれ一方の手で信用を与え、他方の手では信用を受けている」(K. III, S. 496) ことになります。手形は一面で商業貨幣の典型であり、他面では「本来の信用貨幣すなわち銀行券等の基礎」をかたちづくるものです(*ibid.*, S. 413)。だから手形の機能とその限界が、信用制度一般の機構とその問題性をうちにはらむものとして、捉えかえされる必要があります。

たとえば紡績業者Aが原料として綿花を仕入れるさいに、綿花仲買人Bへの支払いのために手形を振りだすとします。Bは綿花を輸入業者Cから買いいれていますが、BもそのさいCへの支払いを手形で済ませることができます。そのばあい輸入業者Cは同時に綿糸の輸出もしているとすれば、Cは紡績業者Aから手形で綿糸を購入することが可能で、またAは仲買人Bに対して、輸入業者Cから受けとったB自身の手形で決済することもできます。そこでは取引の差額だけが貨幣で支払われればよいはこびになるでしょう(S. 496)。

まず綿花仲買人Bが紡績業者Aに対して信用を与え、AはBから信用を受けとっています。BはAが生産する綿糸がすでに売れたものとして、支払期限を区切った手形《ヴエクセル》を受けつけるわけです。信用は一般に不定の未来を先どりするものであるから、信用が交換《ヴエクセルン》される、つまり手形がやりとりされるためには、未来の不確定性が縮減されていなければなりません。しかし未来の決定的な不確定性は、どのようにして解除されうるのでしょうか。あるいはその不確定性はそもそも、抹消可能ななにごとかなのでしょうか。

商業信用の限界と銀行信用の登場

時間の経過、つまり時間的な差異の存在は一般にさまざまなリスクを分泌します。右の設例では信用は相互的かつ循環的ですが、その相互性と循環性を保証するのはとりあえずは相互の「支払能力」ですけれども、その能力は結局のところW—Gという〝命がけの跳躍〟が各段階でぶじ終了することに依存します。三者のあいだの債権債務の決済は要するに「資本の還流」にかかっているわけですけれど、それはとりもなおさず将来の市場が確実に商品(綿糸)を呑みこむことに左右されます。すなわちことのいっさいは「たんに延期されただけの」W―Gに、しかも複合的に循環した、商品の貨幣への転化にかかっているわけです(K. III, S. 496 f.)。商品はいずれいつかはW―Gを、この命がけの跳躍を避けることができません。商業信用の成立は時間を繰り延べ、未来を凍結することで、跳躍のための時間そのものをも準備します。時間はたほう同時にそれじしんリスク要因ですから、未来の売りはさらに「時間的に遅延するかもしれず、そのあいだに商品の価格が下がるかもしれず、くわえて市場の停滞のために商品がいっとき売れなくなるかもしれない」(*ibid.*, S. 497 f.)。また、時間的な繰り延べからあらたな不確定性が分泌されるかぎり、そこには「思惑的な要素 das spekulative Element」が入りこみます。信用が投機《スペキュレーション》に汚染されることになるわけです(S. 498)。

商業信用は、こうしてすでに、信用一般にまとわりつく危機と限界とをあらわしています。未来の不確定性は一般に信用それ自体を不断に浸食します。とはいえ当面は商業信用に固有の限界は、銀行信用の出現によっていったんは乗りこえられることになる。

商業信用には、そのなりたちからしてひとつの限界があります。先ほどの設例で商業信用は綿花―綿糸という素材の連環に関係していました。一般に商業信用は、それぞれの再生産過程が商品の自然形態においても連関している個別資本、あるいはそうした各個別資本を媒介する商業資本のあいだでしか成立しません。たとえば「織物業者に対する紡績業者の債権は、機械製造業者に対する石炭給付業者の債権によっては決済されない」のです(S. 497)。

商業信用はこの点で、ぎりぎりのところいわば対面的信頼に依存していることになります。信用を支える信頼はそれじたい両価的であって、それは一方では「複数の取引の循環」(*ibid.*)中で信用接続を容易にし、他方で信用連鎖によるリスクを局在化させます。局在化させるとはいいかえれば、リスクの分散にあらかじめ失敗しているということです。支払いの繰り延べという時間的操作がいわば空間的に局所化されることによって、時間的なリスクが回避されると同時に集中します。――銀行信用がこのような限界を突破しようとすることになります。銀行信用による限界の超克は、とはいえ、あらたな不確定要因を信用関係に導入するものであるとともに、あらたな神秘化を資本関係にもたらすことになるはずです。

銀行資本の機能は、「貸付可能な貨幣資本」をじぶんの手もとに集約させることにあります。いまや個々の貸し手が資金を提供するのではなく、銀行業者こそが「すべての貨幣の貸し手を代表する者」となり、かくてまた「貨幣資本の一般的な管理者」となる。銀行業者はたほうでは同時に「すべての貸し手のために借り手を集中する」のであり、そのけっか「銀行は、一面では貨幣資本の集中、貸し手の集中をあらわし、他面で借り手の集中をあらわしている」こととなるわけです(S. 416)。この集中と集積がなにを結果するか、が問題です。

銀行とは信用制度自体であり、その欠陥自身である

銀行業者が与える信用には多様な形態が存在します。それは他行あての手形であり、小切手であり、また発券銀行の場合であればその銀行自身の「銀行券」、つまり当該の銀行業者あての「即時持参人払の手形」によっても信用は与えられます(K. III, S. 416 f.)。手形の割引自体も銀行券によっておこなわれることができるのであって、その段階にいたれば、銀行券の発行はほとんど「貨幣をつくる特権にもひとしい」ことになるでしょう。こうしたいっさいは「支払請求権」を移転可能なものとすることであり(*ibid.*, S. 418)、つまり「銀行業者が取りあつかうものは信用そのものである」ことになります(S. 417)。銀行とは信用制度そのものです。マルクスが、ギルバートを引いて説いたとおり、「銀行の目的は取引を容易にすること」です。とはいえ、おなじ銀行家が付けくわえているように、「すべて取引を容易にするものは、投機も容易に」します(S. 419 f.)。銀行こそが信用制度の欠陥を代表するものにほかならないのです。

銀行は、貸付可能な貨幣資本をみずからの手もとに集中させます。銀行が自由に処分しうる貨幣資源は、さまざまな水路をたどり銀行のもとに流れこむ。銀行資本には各個別資本が準備

金として保有する貨幣が流入して、またあらゆる階層の蓄蔵貨幣や一時的な遊休貨幣が銀行へ流入します。かくて「それだけでは貨幣資本としてはたらくことができないような、ちいさな金額が大きな金額へとまとめられて、一箇の貨幣力(Geldmacht)を形成」(S. 416)するのです。銀行がおこなう貸付けも、さまざまな水路をたどって事業へと流出してゆきます。手形が満期以前に貨幣に換えられる(手形の割引)。各種利子付証券や国債証券、株式に対する担保前貸し、マルクスの時代では、積荷証券や倉荷証券その他の商品所有証書に対する前貸しがあります。——銀行制度は、一方では「およそ資本制的生産様式がつくりだすもっとも人工的でもっとも完成した産物」(S. 620)です。銀行は資本の社会的性格を表現している。そのけっか銀行制度は他方で、資本制のあらゆる問題性にかかわる標識ともなるのです。

このような資本の社会的性格は、信用制度ならびに銀行制度の十分な発展によってはじめて媒介され、じゅうぶんに実現される。たほうこの信用制度と銀行制度はさらに前進してゆく。それは産業資本家や商業資本家に、社会のあらゆる処分可能な資本、また潜勢的な、すなわちまだ現実的には使用されていない資本までも用立てるのであり、したがってこの資本の貸し手もその充用者も、この資本の所有者でもなければ、生産者でもないこと

> になる。かくして、この信用制度と銀行制度は資本の私的性格を廃棄するのであり、かくしてまた潜在的に、しかしひとえに潜在的にのみ、資本そのものの廃棄をふくんでいるのだ。銀行制度によって資本の分配は、私的資本家や高利貸しの手から、一箇の特殊な業務として、社会的機能としてとり上げられている。銀行と信用はけれどもこのことによって同時に、資本制的生産をそれ自身の制限を超えて進行させるもっとも強力な手段となり、また恐慌や詐欺的幻惑のもっとも有効な媒介物のひとつとなるのである。（S. 620 f.）

銀行はなぜ詐欺的幻惑の巣窟となりうるのか。それは銀行が擬制資本をつくり出し、やがて架空資本を運用するにいたるからです。問題のてまえからもういちど考えなおしてみます。

銀行制度という賭博と詐欺のシステム

信用は流通を加速し、そのことで再生産過程を加速させます。ごく単純にいって信用が流通の速度をはやめるのは、信用操作は、商品が〝命がけの跳躍〟をおえて、じっさいに貨幣へと転化するまえに、その転換がすでに終了したことにしてくれるからです。まだ完了していない売りを先どりするとは、時間的な未来を先取することですけれども、時間的な現在にそくしていえば、それは他者の資本を担保とすることにほかなりません。賭けられているのは、かくてむしろ社会的な資本です。信用は、それを操作する者に対して「みずからの資本にではなく、社会的な資本に対して処分権」を与えるわけです(K. III, S. 455)。

たとえば卸売業が投機に走ったとします。卸売業者は買いしめ、売りびかえ、あるいは先物を売買することで、時間を操作し、過去を押しとどめ、あるいは未来を現在のただなかに造りだします。そのとき卸売商人によって賭けられているものは「社会的所有であって、みずからの所有ではない」。投機にさいして、銀行が業者に与信して資金を貸しだす場合にも、銀行が融通する貨幣あるいは銀行券は、これも銀行に預託された社会的所有であり、その多くは銀行みずからの所有ではありません。個々の投機は成功し、また失敗するとしても「成功も失敗もここではその結果は同時に諸資本の集中となって、かくしてまた最大規模における収奪ともなる」わけです。資本制的生産様式のもとではこの収奪が「少数者による社会的所有の取得」としてあらわれることになります(*ibid.*, S. 455 f.)。——銀行信用へと集中してゆく信用制度は、一面で資本の流動性を高め、流通を加速させる社会的装置です。信用制度は他面で「もっとも純粋で、もっとも巨大な賭博システムと詐欺システムまで発展してゆくこと」(S. 457)が可能です。銀行はこうしてさまざまな相場師たちとならんで「高貴な盗賊ども」の一味でありえます。

「生産とはなんの関係もない」にもかかわらず、その者たちには「危険きわまるしかたで現実の生産に干渉もするお伽噺めいた権力」が与えられます。それでも、信用制度にもとづく資本制システムでは、銀行業者の忠告は「牧師の忠告」より大切なのです(S. 560 f.)。

信用恐慌と「はじけ散るバブル」

銀行家がにせの福音者であったことが露見するときがある。恐慌、信用恐慌の到来です。

好況期には、商業信用が拡大します。債権者・債務者の双方にとって、たがいの商品がつぎつぎと市場に呑みこまれることが見つもられるかぎり、未来の不確定性は一定ていど縮減されますから、この商業信用の膨張には、いわば「「健全な」基礎」があり、銀行信用はわずかに必要とされるだけですので、利子率はまだ低い(K. III, S. 505)。好況が進行し、やがてその末期にいたると利子率は上昇します(本書、二二三頁)。好況の拡大とともに労働力への需要が拡大し、かくて可変資本に対する需要も拡張して、かくてまた「貨幣資本に対する需要」が増加します。可変資本への需要は、それ自体としては利潤を減少させ、利潤率を押しさげるにもかかわらず、利子率そのものは上昇してゆきます。これに投機的な取引が加わって、利子率をさらに押しあげてゆく(*ibid.*, S. 529)。――手形は、ほんらいなら現実の取引の徴表です。投機的な取引の横行は手形を名目化してしまって、信用を収縮させます。恐慌期には、手形がまったく流通しなくなる。「だれもが現金による支払いしか受けとろうとしないので、だれも支払約束を使うことができない」からです(S. 556)。現実の支払手段をもとめて「貨幣恐慌」が生起します。その貨幣恐慌は、まぎれもなく、つねに同時に「信用恐慌」にほかなりません(S. 507)。こうして、名目的《ノミナル》な貨幣資本の「しゃぼん玉《バブル》がはじけ散る Zerplatzen dieser Seifenblasen」にいたるわけです(S. 486)。

信用恐慌とは信用制度そのものの崩壊であり、その脆弱さの露呈にほかなりません。しかし信用制度それ自体が原理的な脆弱性を組みこむかたちでのみ可能であって、信用はつまり恐慌の可能性を内在させたしかたでしか可能ではないのです。——どうしてでしょう? 『エコノミスト』誌の創刊者、蔵相を経験した経済学者、ジェームズ・ウィルソンが、統計学者ニューマーチに尋ねます。そもそも銀行が引きだす利潤は「すべて信用から生じる利潤であり、銀行が現実に有している資本から生じる利潤ではないんじゃないのか」。ニューマーチは答えます。「まったくそのとおりだ Ganz gewiß」(S. 557)。

擬制資本から架空資本への転換(一)——銀行信用と銀行券の意味

ふつうの事業家が、たとえば手形の割引を受ける場合であっても、それは「じぶんの資本の貨幣形態を先どりすることによって再生産過程の流動を保持する」操作となります(K. III, S. 440)。一般的に「手形を振りだすことは商品を信用貨幣の一形態に転換することであって、手形を割引することはこの信用貨幣を、べつの信用貨幣、つまり銀行券へと転換すること」(*ibid.*, S. 442)です。手形そのものもその割引もいくらかは擬制《フィクティヴ》資本をつくり出します。銀行の介入と銀行券の登場は、擬制資本をやがては巨大な架空《フィクティヴ》資本へと変身させます。どうしてでしょうか。

銀行券という信用貨幣のなりたちそのものを、ここで振りかえってみましょう。銀行券は、それが貨幣との交換可能性によって信認されるものであるかぎり、発券銀行にはいつでも兌換請求に応じられるだけの正貨準備が要求されます。とはいえ銀行券を発行する銀行への信頼が失効していないかぎりでは、通常は相当額面の銀行券が貨幣との交換を請求されることなく、したがって事実上は貨幣そのものとして流通しています。銀行券は、こうして信用貨幣として作動するわけです。その結果として、銀行の兌換準備がじっさいには銀行券の発行総額を相当ていど下まわっていても、ふつうなら信用危機は生起しません。たとえば、銀行券による手形の割引を受けた者がふたたび銀行券によって余剰金を銀行に預ける場合、その預金の払い出しに対してもまた銀行券を用いるとすれば、発券銀行は正貨準備とは一定範囲で独立に、フィクショナルな資金を運用することができるわけです。利潤がおよそ「国民的労働の取得」であるかぎりで、わずかな紙代や印刷費用を費やすだけで銀行が利子を獲得するなら、それは「国民的節約が私的利潤としてあらわれている」ことになるはずです。中央銀行であるならば、くわえてその銀行券は国家的信用に裏うちされているにもかかわらず、その銀行は「そのおなじ銀行券を、紙から貨幣へと転化させ、つぎにそれを国家へと貸しつけるという国家から与えられた機能に対して、国家から、つまり公衆から国債利子というかたちで支払ってもらう」にすぎません(S. 557 f.)。

このような架空資本の形成には、いわばその前史があります。しかもその前史は、信用制度にとっていまなお過ぎ去ることのない過去でもあるのです。架空資本の、いってみれば原始的蓄積とも呼びうる事例を振りかえってみます。

擬制資本から架空資本への転換(二)――架空資本における「原蓄」

舞台はイギリスとアジア、時代はアヘン戦争後におとずれた空前の好況期です。イギリスの工業生産物に対する世界市場の需要は拡大し、アヘン戦争の終結は、イギリスの商業に対して中国への門戸を開きました。固定資本への設備投資は拡張し、たほう鉄道ブームも捲きおこります。一八四六／四七年に鉄道建設に投下された資本は七五〇〇万ポンド、その原資となった株式に投資される資金調達は、信用にたよるほかはありません。

極東ではイギリス製の糸や織物が売られ、帰り荷にはアジアの物産が積まれる。この往路と復路の双方で利益をおさめて悪いわけがない。かくて「前貸し引き当ての大量委託販売制度」が生まれ、その制度はやがて商品の販売を先どりして、前貸しを得るためだけに利用されるにいたります。とうぜん逆の事態も生起します。「対東インドの取引では、もはや商品が買われたから手形が振りだされるのではなく、割引可能で換金可能な手形が振りだされるようにするために商品が買われた」(K. III, S. 423)。こうして買い手にしても荷主にしても、じっさい商品の代価を支払うよりはるか以前に、資金を手にいれることが可能となったのです。

信用操作が、莫大な架空資本を創りだす。複数の土地に存在する商社が、それぞれロンドンの商社あてに手形を振りだします。たとえばカルカッタで買いいれた産品について複数の手形が交錯し、さらにその船荷そのものが船荷証券となって、ロンドン市場で前貸しのために利用されます。こうして、とある銀行業者が内情を打ちあけています。「だれかが外国でイギリスあての手形を買って、それをイギリスにある商社に送ってくる。私たちはその手形を見ても、それがまともに振りだされたのかどうか、生産物を代表しているものか、それとも空手形なのかを見わけることができない」(*ibid.*, S. 428)。

エンゲルスが付記しているように、このような詐欺めいた手法は、アジアの産品が喜望峰を迂回する必要のあった時代の産物です。「架空資本を製造する」そのような方法はスエズ運河の開通と、電信の整備によって無効となります(S. 424)。こういった蓄積の形態は、とはいえ仲立ちするものがたとえば土地や各種証券という擬制商品となって、一九八〇年代のこの国のバブル期にくりかえされ、株式をはじめとする各種証券類という擬制商品がデリヴァティヴにまで成長し、国際金融市場が新自由主義の高波に洗われた結果として、今日でも潜在的に世界市場を支配し、地球規模の収奪《グローバリズム》をも可能にしています。――たとえば、九〇年代に東南アジア各国を襲った経済危機は、国際金融資本による人為的な通貨の売り買いによって引きおこされたものでした。一九九七年五月、各種のヘッジファンドがタイ通貨のバーツに対していっせいに売りを浴びせかけて、暴落したところでバーツを買いもどし、利ざやを稼ぎました。これはただたんに「安いときに買い、高いときに売る」という取引ではなく、あらかじめ暴落の局面を予想しておこなわれる「空売り」です。その結果、タイ、インドネシア、韓国で財政が破綻して、IMFからの資金借り入れを余儀なくされることになったのでした。

擬制資本から架空資本への転換㈢——株式制度と証券市場の成立

先に利子生み資本の問題との関連で「資本の商品化」について問題としておきました（本書、二〇七頁以下）。資本一般の商品化は、さらに株式会社制度の進展によって、飛躍的に発展してゆきます。『経済学批判要綱』の段階でマルクスは、株式会社を資本一般、競争、信用につづき、「資本の最高の完成形態」と位置づける構想を有していました。『資本論』第三巻における株式会社論は、けれども草稿の未整理もあってきわめて断片的なものに止まっています。ここでは資本換算という論点と証券市場の問題についてだけ、簡単にふれておきましょう。

資本換算とは擬制資本を形成する数値操作であるとともに、株式の名目的な価格をさだめる機構ですけれども、手法そのものは「土地の購入価格あるいは土地の価値」を計算するしかた（本書、二一三頁）とおなじです。一般に「規則的に反覆される収入」はすべて、平均利子率で除されることにより「資本換算 kapitalisieren」されます。たとえば、年間収入が一〇〇ポンドで、利子率が五パーセントならば、当の一〇〇ポンドは、二〇〇〇ポンドの年利子となりますから、「この二〇〇〇ポンドが、年額一〇〇ポンドに対する、法律上の所有権の資本価値と見なされる」わけです。かくして、年間一〇〇ポンドの配当を受けとることのできる株式の資本価値もまた二〇〇〇ポンドとなります。同時にまた株式証券の価値の形成とともに「みずから自身によって価値増殖する自動運動体としての資本の表象 Vorstellung vom Kapital als einem sich durch sich selbst verwertenden Automaten」が完成するわけです(K. III, S. 484)。

そればかりではありません。株式はいちおうは「現実の資本の所有権証書」ですけれども、その表示するものがひとえに資本換算によって算出された貨幣価値であるかぎりでは、それは「まったく擬制的なもの」にすぎません。とりわけ、それらの証券にあらわされているものが「たんなる収益請求権であって、資本ではない場合」には、すくなくともその一部は、資本の現実の価値からは乖離したかたちで規制されます(*ibid.*, S. 487)。——どこで、あるいはなにによって規制されるのでしょうか。純粋に市場、つまり現実の価値増殖過程とは独立な証券市場によって規制されるのです。そして株式取引市場における貨幣価値は、結局は「名目的《ノミナル》な貨幣資本のしゃぼん玉《バブル》」(S. 486)であるほかはありません。こうして、たんなる将来の収益請求権を示すにすぎない紙片が「二倍になるように見え、また場合によっては三倍になるように見える」(S. 488)わけです。株式という擬制資本が架空資本へと肥大化して、いまや信用制度の中核を担っている銀行資本のかなりの部分は、しかもこうした各種証券、いわゆる「利子付証券」からなってゆきます。銀行資本はこの意味でも、その相当部分が「純粋に架空的なもの」なのです(S. 487)。どうしてでしょうか。

イデオロギーとしての「市場経済」

証券の市場価値とされるものは、原理的にいって「或る程度までは投機的」だからであり、「市場価値がたんに現実の収入によってでなく、予想されまえもって計算された収入によって規定されている」からです(K. III, S. 485)。未来の不確定性が不確定な予期により確定されて、そのうえ予期がそれ自体、さまざまな思惑、願望、操作により汚染されています。歪んで偏光した未来が現在のただなかで造りだされて、その未来が現在を規定しているのです。――そのけっか帰結するところはおよそ「最大規模での収奪」です。株式制度そのものが示すものは、一箇の「社会的所有」でしかありえません。ところが、とマルクスは書いています。

この収奪は、ところが資本制的システムそのものの内部では、反対のすがたをとって、少数者による社会的所有の取得としてあらわれる。さらに信用は、これらの少数者に対してますます純粋な山師の性格を与えるのだ。所有はここでは株式のかたちで存在するのだから、その運動や移転は、よりいっそうひとり取引所投機の結果となるのであって、そこ

では小魚は鮫に飲みこまれ、羊は取引所狼に呑みこまれてしまう。(*ibid.*, S. 456)

株式制度(Aktienwesen)は、たしかに、生産手段の社会的所有への移行をあらわしているかに見える。それはしかし「資本制的な制限のうちになお囚われて」おり、それゆえ株式制度は「社会的な富と私的な富という富の性格のあいだの対立を克服するのではなく、ただこの対立をあらたなすがたで形成するだけ」(*ibid.*)なのです。

証券は現実の資本に対する「紙製の複製」です。複製としてはあくまで「幻想的」なものです。にもかかわらず、この有価証券はそれ自体の価値を有して、市場で価格を変動させ、その変動からもさらに利潤が生まれます。株式制度は信用制度を背景に登場して、信用制度を完成させ、特異な利子生み資本を特殊なかたちで完結させるにいたるわけです(S. 494)。

マルクスは、利子生み資本の登場によって資本はそのものとして商品となる、と説いていました。株式制度と証券市場の展開をつうじて、資本のこの商品化が完結します。資本はもはや外部をもちません。信用制度のなかに株式制度を着床しおえた資本システムにとって、すべてが市場の内部で調達され、すべては市場の内部へと送りかえされます。資本制とはたしかに、完成された商品―貨幣経済です。資本制経済と呼ぶかわりに「市場経済」と称することは或る意味でただしい。もういちど繰りかえしておくならば、そう呼称することは、けれども一箇のイデオロギーであって、市場システムの無法な支配を正統化する世界像にほかなりません。

資本制のかわらぬ合言葉——「わが亡きあとに洪水は来たれ」

マルクスは『資本論』第一巻で「労働日」について論じながら、ついでにこう書いています。「どのような株式投資の場合でも「いつかは雷が落ちる」しだいをだれもが知りながら、とはいえだれもが望んでいるのは、じぶんが黄金の雨を受けとめて安全なところに運んだあとに、雷が隣人のあたまに落ちることである。わが亡きあとに洪水は来たれ！（Après moi le déluge !）これがあらゆる資本家、すべての資本制国家の合言葉なのだ」(K. I, S. 285)。

だれがポンパドゥール侯夫人のことを嗤えるでしょうか？　ひとつだけ例を挙げましょう。高レベル放射性廃棄物の地層処分には、地点を選定するのに数十年が、処分場の建設から閉鎖までにさらに数十年がかかり、そののち数万年以上という未来の時間が安全性の確保のために費やされます。三・一一のあと、フクシマの事故を経たこの国で、原子力発電所が国家と資本の論理のもとに現在このときになお稼働しつづけているのです。

マルクスはもともと、労働と生産においても「人間はつねに自然力に支えられている」事情をふかく理解していました(*ibid.*, S. 57 f.)。生産期間と労働期間の区別をとり上げたさい、資本制的な生産過程にあってなお自然過程は重要な制約となって、生産過程は自然過程を追いこすことができないはこびにふれておきましたが(本書、一〇一頁)、他方でマルクスは資本制的な経営の全面化が「不利な資本制的経営部門」をつくり出して、とりわけ造林が衰退し、森林は荒廃して、牧畜も衰微してゆく可能性を指摘していました(K. II, S. 247)。資本制と大土地所有との結合が、「生命の自然法則によって命じられた社会的物質代謝の関連のうちに回復不能な裂け目を生じさせる」とマルクスが考えていたしだいをめぐっては、すでにふれております(本書、一四一頁以下)。資本制と自然とのあいだに、マルクスは最終的には両立不可能性を見てとっていた可能性があり、とりわけ社会的資産を賭け金とする市場が制覇するなかで、自然との境界面に、利潤追求を第一義的な自己目的とする資本制の限界をみとめていた蓋然性が高いように思います。自然そのものの内部に自然的に存在しない物質をつくり出す産業が存在し、不可視の未来へ負債のみを送りとどけるのを止めようとしない現在にあって、マルクスの透見はますますその重要性を増しているように思われます。

終　章　交換と贈与——コミューン主義のゆくえ

マルクスの墓［ロンドン・ハイゲート墓地，2008，John Armagh 撮影］

「自由な人間の連合体」と「アソシエーション」

『資本論』は、商品という一見したところごくありふれたものが、じつのところ謎に満ちたありかたを伴っているしだいから考察を開始し、資本の生成と運動を見とどけて、その総過程を問題とする地点まで到達していました。本書では、マルクスのその思考のみちゆきを、価値形態論を形而上学批判として読みなおすところからはじめて、資本の運動を時間と空間の再編過程ととらえるこころみを経て、科学批判としての資本論体系をきわだたせながら、利子生み資本と信用制度のうちに時間のフェティシズムを見さだめる地点まで辿りついたところです。

マルクスの『資本論』が、資本制の批判的な捉えかえしの果てに、どのような転換の方向を見きわめようとしていたかについては、テクストそのもののなかにはほとんど答えが見あたりません。商品のフェティッシュ的性格を論じた節の末尾でことのついでのように言及される、「共同の生産手段で労働して、じぶんたちの多くの個人的な労働力を、みずから意識しながらひとつの社会的労働力として支出する、自由な人間の連合体」(K. I, S. 92)にしても、あるいは、第一巻のほとんど末尾に登場する、有名な「個体的所有」の再建をめぐる議論(*ibid.*, S. 791)にしても、マルクス自身が、資本制にかわる生の形式をどのように構想していたのかを、十分なイメージをともなって語りだすものとはなっておりません。それはマルクスの思考の欠落ではなく、むしろ『資本論』という著作、「経済学批判」という副題を与えられたマルクスの主著の性格に由来するものであるとも思われます。

自由な人間の連合体(Verein freier Menschen)といった表現そのものには、『コミュニスト党宣言』で謳われている「各人の自由な発展が万人の自由な発展の条件となるようなアソシエーション」と繋がるものがあることはたしかでしょう。ここにはふたつほどの問題が絡んでおります。ひとつは、この有名なフレーズはマルクス／エンゲルスが『宣言』の前後に残している他のテクストには見あたらず、それじたい『宣言』の前提ともなった当時の論争情況を反映した表現である可能性があることです。『党宣言』といえば、あたかも「コミュニスト党《パルタイ》」を名のる集団がすでに存在し、その「宣言」であるかのように聞こえますけれども、『宣言』はじっさいには義人同盟いらいの伝統をもつコミューン主義者同盟《ブント》の綱領として起草され、同盟内の多くの論争と政治的妥協の痕跡を刻みこまれた、複雑な政治文書でもあるわけです。

もうひとつの案件は、現行『資本論』テクストの編集問題と関係します。マルクス自身にはアソシエーションとその類縁語に対して、とくべつな、また積極的な含意をもたせようとしていた形跡があるのですけれども、エンゲルス編集版によっては、そのような用語法を確認することが困難で、かえってマルクスの語彙選択とその背後にある発想を覆いかくすものとなっているということです。はやくに指摘されていたのは、第三巻第三篇で「利潤率の傾向的低下の法則」を論じた部分の一節における「アソシエイトされた assoziiert」知性という表現にかんする問題ですけれども(K. III, S. 267)、ここでは立ちいりません。いずれにしてもマルクスが、たんなる「結合」と区別された「連合《アソシエーション》」という表現に対して、社会構想の基礎的な部分にかかわる肯定的な意味をむすびあわせていた蓋然性は高く、その背後には〝論争相手〟としてのみ考えられてきた、同時代のアナキズムとの交渉関係を考えておく必要があると思われます。「自由な人間の連合体《フェルアイン》」ということばには、国家の(〝廃絶〟ではないにしても)死滅へとつながる夢のゆくえが賭けられていたのでしょう。

そもそもマルクスの言うコミューン主義とは目ざされるべきひとつの状態なのか、それとも一箇の不断の運動なのかをめぐっても、争われうる余地があります。『ドイツ・イデオロギー』の首章「フォイエルバッハ」は、基本的にはエンゲルスが主導して書かれたものですが、そのなかにマルクスの筆跡で、たとえばつぎのような文言が見られます。「コミューン主義とは、私たちにとって、創出されるべきひとつの理想ではない。私たちがコミューン主義と呼ぶのは、現実的な運動、現在の状態を廃棄する現実的な運動なのである」。そうであるにせよ、一方ではマルクス自身にもコミューン主義を一箇の社会状態と定義するテクストもあり、他方でことはいわゆる永続革命の理念とも絡んで、ことがらはたいそう複雑になってきます。『資本論』にかぎっていうなら、あるいはよりひろく後期マルクスに限定して語るとするならば、いずれにせよマルクスそのひとに未来の社会構想にかかわる、積極的で具体的な言及はほとんどみとめることができません。

『経済学・哲学草稿』の「私的所有」批判

よく知られているとおり、これに対して、スミスをはじめとする古典派経済学の達成をわがものとしはじめたばかりのころ、若きマルクスは資本制と私的所有を超える次元にかんして、抽象的なしかたではありますけれども、それなりに魅力的なかたちで、哲学的にも興味ぶかい論点を織りまぜながら手稿を書きつづっていました。

たとえばかつて『経済学・哲学草稿』「第三草稿」と呼ばれた手稿群があります。そのなかでマルクスは「私的所有」とは、人間がみずからに対して疎遠なかたちで対象的となった形態であり、私的所有を廃棄することは、人間的な本質とその生命とを感性的に獲得しなおすことであるけれども、そのさいの獲得はたんに「占有する Besitzen」あるいは「所有する Haben」

というだけの意味でとらえられてはならない、といった趣旨のことがらを述べたあとに、つぎのように説いています。岩波文庫(城塚登・田中吉六訳)の訳文によりながら、すこしだけ字句をかえながら引用しておきます(一三六頁)。

人間はかれの全面的な本質を全面的なしかたで、したがって一箇の全体的人間として、じぶんのものとする(aneignen)。世界に対する人間的諸関係のどれもみな、すなわち見る、聞く、嗅ぐ、あじわう、感ずる、思考する、直観する、感受する、意欲する、活動する、愛すること、要するに人間の個性のすべての諸器官は、その形態のうえで直接に共同体的諸器官として存在する器官とおなじように、それらの対象的なかかわりにあっては、あるいは対象に対するそれらのかかわりにおいては、対象の獲得(Aneignung)である。人間的な現実性の獲得、対象に対するそれらの諸器官のかかわりは、人間的現実性の確証なのである。すなわち、人間的な活動と人間的な受苦(Leiden)なのであって、それも、受苦とは人間的にとらえられるならば、人間の一箇の自己享受(Selbstgenuß des Menschen)だからなのである。

手にすること、ひとりのものとし、使用し、また濫用すること、すなわち私的に所有すること《アイゲントゥム》だけが「じぶんのものとする」ことではない。世界を見、その音を聞き、感じ、しかも他者とともにそうすること、他者とともに世界にはたらきかけて、世界を受苦においても能動的にも享受《ゲニーセン》することもまた、世界をともに持つこと、わかち合うことである、とする所論はたしかにある種の豊かなイメージを喚起するものでしょう。その豊かさをいま感じとることができないとすれば、それは――マルクスがつづけて書いているように――「私的所有が私たちをあまりに愚かにし、一面的にもしてしまった Das Privateigentum hat uns so dumm und einseitig gemacht」からかもしれません。

問題の転換――「交換」概念の問題性

若きマルクスのテクストは、一方でそのイメージの豊饒さでひとびとを引きつけ、他方ではその哲学的な魅力をつうじて、なお私たちに訴えかけるところがあります。それでもわたくしとしてはやはり、『経済学・哲学草稿』に代表される立論はのちにマルクス自身によって乗りこえられていったものと考えます。

とはいえここで、いわゆる疎外論の自己批判といったことがらについて、あらためて確認したいわけではありません。本書でこれまで辿ってきた論点とのかかわりでいえば、問題はべつのところにあるのです。

いわゆる『経済学・哲学草稿』「第三草稿」から、もうひとつ引用しておきましょう。以下に引く部分については、編集上の問題がありそうですけれども、そうした点については、いまは措いておきます。岩波文庫版の一八六頁以下のテクストを引照します。

人間を人間として、また世界に対する人間の関係を人間的関係として前提してみよう。そうすると、きみは愛をただ愛とだけ、信頼をただ信頼とだけ、その他おなじように交換できるのだ。きみが芸術を楽しみたいと欲するならば、きみは芸術的教養を積んだ人間でなければならない。きみが他の人間に影響を行使したいと欲するなら、きみはじっさいに他の人間を励まし、前進させるような態度でかれらにはたらきかける人間でなければならない。人間に対する——また自然に対する——きみのいっさいのかかわりは、きみの現実的な、個性的な生命のある特定の発現(Äußerung)であって、しかもきみの意志の対象に相応している発現でなければならない。もしもきみが相手の愛を生みださなければ、もしもきみが愛しつつある人間としての、きみの生命の発現(Lebensäußerung)をつうじて、じぶんを愛されている人間としないなら、そのときみの愛は無力であり、ひとつの不幸である。

引用文の末尾の、「そのときみの愛は無力であり、ひとつの不幸である so ist deine Liebe ohnmächtig, ein Unglück」という表現は、とりわけある種のひとびとに好まれ、「きみは愛をただ愛とだけ」交換できる(so kannst du Liebe nur gegen Liebe austauschen)という言いまわしとならんで、くりかえし言及されてきました。若きマルクスの思考のうちに、ひろい意味でのロマン主義のとおい残響を聴きとることができる、代表的なテクストだからでしょう。

問題は、とはいえ、ほかでもない「交換」ということばにあります。『草稿』に代表される立場が、やがてマルクス本人によって否定される必要があったのは、この交換という発想自体に、乗りこえられるべき限界があったからではないでしょうか。

『ゴータ綱領批判』冒頭部について

ここで、マルクス最晩年の文献をとり上げておきましょう。いわゆる『ゴータ綱領批判』、その中心となる文書の名称は、正式には「ドイツ労働者党綱領評註」です。

綱領原案に「労働はすべての富とあらゆる文化の源泉である」とあるのに対して、「評註」冒頭でマルクスは嚙みついています。「労働はすべての富の源泉ではない。自然もまた労働とおなじ程度にさまざまな使用価値の源泉なのである」。ちなみにこの部分の強調は、マルクス自身による強調《ゲシュペルト》にしたがっています。

ペティについてマルクスが、労働と土地を経済的富の父母に喩えた先見をたたえていたことを思いおこしておいて頂きたいと思います（本書、一三八頁）。それだけではありません。商品の二側面のひとつはその使用価値にあり、商品の使用価値は「商品体」の自然的な属性に制約されており、鉱石は食品とならず、木材からつくられる紙はハンマーとはなりません（八頁）。人間が労働する場合、人間は自然にはたらきかけるわけですが、そのさいに使用される道具についてもまた、自然とりわけ土地が「根源的な武器庫」となりますし（一〇二頁）、「その労働はそれ自体ひとつの自然力、すなわち人間の労働力の発現にすぎない」（「評註」）わけです。ごく微細な欠落を問題としているように見えて、マルクスの異議申し立てがじつは『資本論』でも展開された、マルクスの原理的な思考を背景とするものでもあったしだいが確認されるところでしょう。ここでは、とはいえすこし先をいそぎます。

『ゴータ綱領批判』における「コミューン主義の第一段階」

おなじ「評註」のなかでマルクスは、コミューン主義的な共同体を「生産手段の共有にもとづいた協同組合的な社会」と特徴づけたうえで、そのありかたをめぐってふたつの段階を区別しています。まず第一段階とされるものにかんする、マルクスの認定から見ておきます。これについても、岩波文庫(望月清司訳)の訳文によりながら、すこしだけ字句をかえながら引用しておきましょう(三五頁以下)。

ここで問題としているのは、それ自身の基礎のうえに発展したコミューン主義社会ではなく、反対に、資本制社会から生まれたばかりのコミューン主義社会である。したがってこのコミューン主義社会はあらゆる点で、経済的にも倫理的にも精神的にも、それが生まれてきた母胎である古い社会の母斑をまだ身につけている。それゆえ、個々の生産者は、かれが社会に与えたのときっかりおなじだけのものを——あの諸控除をすませたあと——取りもどすのである。かれが社会に与えたものとは、かれの個人的労働量である。(中略)個々の生産者は、(共同の基金のためのかれの労働を控除したのち)これこれの量の労働を給付したという証書を社会から受けとって、そしてこの証書をもって消費手段の社会的な貯えのなかから、それとちょうどひとしい量の労働がついやされている、消費手段を引きだすことになる。個々の生産者は、ある形態で社会に与えたのとおなじ労働量を、べつの形態で取りもどすのである。

右に「諸控除Abzüge」とあるのは、総生産価値からあらかじめ引きさって《アプツィーエン》おく必要のあるもので、たとえば再生産のための準備、災厄にそなえる保険、各種行政費用のほか「労働不能者などのための基金」もふくまれます。それ以外の点については、いちおう能力にしたがって労働し、能力に応じた労働にあわせて受けとるというしかたで平等な分配がはかられているといってよいでしょう。その意味で、マルクス自身が確認しているとおり、ここで支配しているのは「商品交換——それが等価物の交換であるかぎりでの——を規制するのとおなじ原理」であることになります。つまり、支配しているのはひとことでいって交換の原理なのです。

交換の原理が規制していることから、いま問題の第一段階には、いくつかの限界が存在することになります。第一には、そこでは尺度が労働量に置かれているかぎりでは、平等な権利、あるいは「同等な権利das gleiche Recht」とされているものが、なかばは資本制の母斑に汚染されていることです。あるいはおよそ権利というものはすべて近代市民的《ブルジョア》な権利なのであり、原則的には「内容において不平等の権利 *ein Recht der Ungleichheit*」であるというべきなのです。理由はかんたんです。そもそも労働能力が、平等には与えられていないからです。いま私たちが〝能力に応じた分配のどこが不平等なのか?〟という疑問をいだくとすれば、私たちはそれだけ、資本制に馴致されているだけのことかもしれません。あるいはたまさかみずからに与えられた通常の労働能力になんの疑問ももたず、たまたま当の能力を喪失するにいたることに、あるいはまた、やがては避けがたくその能力が失われてゆくことに対してじゅうぶんな想像力を持っていないだけのことなのかもしれません。ともあれ、権利とはある意味でただのフィクションですけれど、必要もしくは欠落は、だれにとっても不可避な、実在する制約です。たんなる交換(とりわけ商品交換)原理では、この欠落を原理的に補塡することができません。

『ゴータ綱領批判』における「コミューン主義の第二段階」

こうした欠陥と限界は、「長い生みの苦しみののち資本制社会から生まれたばかりの」段階では避けがたいものである、とマルクスは言います。やがて「より高次の局面」、第二段階が可能となります。これも念のため引用しておきましょう。岩波文庫版で三八頁のテクストです。

コミューン主義社会のより高次の局面にあって、すなわち諸個人が分業に奴隷的に従属することがなく、それとともに精神的労働と肉体的労働との対立もなくなったのち、また労働がたんに生のための手段であるだけでなく、生にとって第一の要求となったあとで、さらに諸個人の全面的な発展につれて、かれらの生産諸力も成長し、協同組合的な富が、その泉のすべてから溢れるばかりに涌きでるようになったのちには――そのときはじめて市民的《ブルジョア》権利のせまい地平はかんぜんに踏みこえられて、かくて社会はその旗にこう書くことができる。各人はその能力に応じて、各人にはその必要に応じて！

分業の廃止、とりわけいわゆる精神労働と肉体労働の対立の廃棄といった、くりかえし論じられてきたわりには先ゆきの見えない、抽象的に論じてもしかたがないが、具体的に考えるのは本書の範囲を超える論点については、ここではすべて措きます。労働が「生にとって第一の要求 das erste Lebensbedürfnis」（第一の生の欲求）となるというのも魅惑的なイメージですが、やはり措いておきましょう。

第一段階と第二段階、あるいはこの「より高次の局面」との最大の差異はなんでしょうか。おおまかにいえば、第一段階では能力にしたがいはたらき、はたらきに応じて受けとることが謳われていました。第二段階では、いくつかの前提条件が挙げられたのち――最大の制約条件は「協同組合的な富」の過剰ということにもなるでしょうか――「各人はその能力に応じて、各人にはその必要に応じて！ Jeder nach seinen Fähigkeiten, jedem nach seinen Bedürfnissen !」と宣言されます。目につくところ、これが最大のちがいということになるでしょう。

「各人はその能力に応じて、各人にはその必要に応じて！」

宣言自体はよく知られているところですけれども、やはりすこし考えておくべき事情があります。ひとつは、コミューン主義の第二段階に対するマルクスの見とおしが、それでもなお、生産力主義のいわばこれも母斑を帯びていないかどうかということです。

本書では、マルクスを産業主義者、あるいは生産力主義者とみなすのは誤解であるむねを、いったんは確言しておきました(一三七頁)。ここでは逆に、それ自体としてはありふれた確認をかさねておくなら、マルクスの未来構想は、資本制社会のじゅうぶんな成熟と、資本制下での生産力の拡大を前提とするものではあったことについて、疑いを容れないということになるでしょう。つまり、マルクスの死後、現実に生起した政治革命はすべて、マルクスの想定したみちすじを、その初期条件からして充たしていなかったことになるわけです。ただし「各人はその能力に応じて、各人にはその必要に応じて！」という標語そのものには、生産力の、あるいは労働生産性の飛躍的な拡大という条件と、相対的に独立な面があります。ひとつは現実的な側面です。資本（ならびに資本制国家）には、全社会的富の無際限な拡張という傾向とならんで、それと相反する傾向が存在しています。奢侈品の生産という傾向です。

ここでいう奢侈品は、とりあえずいわゆる贅沢品のことではありません。再生産表式論を問題としたさいに、マルクスが第II部門を、生活手段を生産する産業部門としているしだいを見ておきました（本書、一五七頁）。『資本論』の展開ではその後、部門IIがきわめて多様な産業分野からなっていることが注目され、なかでもまた通常の消費手段と奢侈消費手段（*Luxus-Konsumtionsmittel*）という「亜部門」とが分割されてゆきます。とはいえ、なにが必需品であり、なにが贅沢品であるかは、時代と文化、また慣習にも依存しますので、両者のあいだの分割線はあくまで相対的なものと言わなければなりません（K. II, S. 402 f.）。けれども、最晩年の廣松渉も力説していたとおり、どのような意味でも生の豊かさにつながらない産物を奢侈品と呼ぶとするなら、絶対的な奢侈品生産と断じてよい産業部門もあるのです。各種製品の頻繁なモデルチェンジもそれ自体として贅沢品を生みますけれども、いうまでもありませんが、典型的にはたとえば各種兵器の生産に携わる産業部門こそそのひとつです。そうした産業部門が絶対的に収縮することで、生産性の上昇と社会的な豊かさの全体とは、相対的には独立なものともなりえます。ただしここで注目しておきたい問題は、そういった次元にもありません。

交換の原理を超えるもの――コミューン主義のゆくえ

ことは、いわゆる第一段階と第二段階との原理的な相違を、どの水準で考えるかにかかわります。もういちど確認しておきましょう。第一段階では、さまざまな控除後に労働量に応じた配分を受けとるというかたちで平等な分配が構想されていました。マルクス自身が確認もしていたように、その段階を支配しているのは理想的な商品交換を規制するのとおなじ原理、交換の原理だったわけです。くわえてまた、その原理の背景にあるものはひとことでいえば、近代市民的な原則、権利の原則でした。その意味でコミューン主義の第一段階には、色こく資本制そのものの母斑がみとめられることになります。

第一段階にあっても、とはいえ、交換の原理は部分的に超えられています。分配以前の控除を必要とする制約条件のうちに、労働能力の分布そのものの不平等が数えあげられていたからです。平等な権利なるものの前提には、権利の不平等がふくまれていることが指摘され、その点が第一段階から第二段階への移行を原理的な次元では促していたわけです。

第二段階、「各人はその能力に応じて、各人にはその必要に応じて！」を掲げる局面にいたると、権利という発想そのものが乗りこえられなければなりません。なぜでしょうか。権利とはかならず排除をふくむ、力に対抗する力にほかならないからです。あるいは、特定の資格を承認された者たちに賦与される、一定ていど排他的な力こそが権利であるからです。ここでは平均以上の労働能力こそ、それに当たることになるでしょう。第二段階、このより高次の局面では権利ではなく、必要もしくは欠落が原則となります。つまりフィクションとしての権利ではなく、ポテンシャルとしての力でもなく、現に存在し、避けがたく存在しつづける必要だけが分配の原則となる。とすれば、それはもはや正確な意味では、あるいは平等が問われるような分配ではありません。原理となるものもまた、交換ではありません。原理として前提されているのはむしろ贈与、他者との関係と他者の存在そのものを無条件的に肯定する贈与です。

（ここでは十分には説明できないこの件については、別稿「〈権利〉と〈平等〉をめぐる断章」、野家啓一編『ヒトと人のあいだ』（ヒトの科学6）所収をご一覧ください）。

あらためて考えなおしてみれば、「各人はその能力に応じて、各人にはその必要に応じて！」ほど、とりわけその後半の「各人にはその必要に応じて」という宣言ほど正しいこと、あえていえば正義にかなったことがらが、ほかに存在するでしょうか。なぜ正当なのか。その否定を考えてみればわかります。後半の準則を原理的に否認することは、一定の他者たちが欠落すら充たしえない状態を承認するはこびとなるからです。コミューン主義の目ざすところが、この正しさの総体的な実現にあるかぎりでは、その命脈が尽きはてたとは、とうてい考えることができないように思います。この正当性を思考の水準で裏うちしてゆくためには、交換を超える次元、つまり贈与の原理そのものをあらためて考えてゆく必要があるはずです。

私たちの生そのものが贈与に支えられて可能となっている以上――自然それ自体からの無償の贈与、先行する世代からの無数の贈与、ともに生きている他者たちからの不断の贈与を受けとらずに紡がれてゆく生など、およそありうるでしょうか――、贈与の事実そのものについては、その存在を疑う余地がありません。贈与の原理はたほうまたその困難のゆえに――贈与が純粋な贈与であるかぎり、その存在すら気づかれてはならないのかもしれません――、現在の思考の課題ともなっているところです。この間の消息をめぐりさらに思考をかさねてゆくことは、本書とはべつの課題をおのずとかたちづくることになるでしょう。

あとがきにかえて――資本論研究の流れにことよせて――

戦後のこの国にかぎっていえば、『資本論』はおおむね三つの視角から研究されてきました。ひとつはいわゆる経済原論、つまり〝マルクス経済学〟の経済学原理論の立場です。ふたつ目は資本論体系の形成史的研究ですが、ひろい意味での思想史的研究、経済学史的研究も、これにふくまれます。第三のものは哲学的視点からの研究といってよいでしょう。それぞれの視界はもちろんたがいに交錯しあっていますし、相互に影響も与えあってきましたけれども、一応はそのように整理してみることができます。

本書自体がその節目に刊行されることになった岩波新書は、本年で創刊八十周年をむかえるそうです。戦後になってから三たび表紙の色をかえたこの叢書にも、右に挙げた三つの視点を代表する著作がふくまれています。以下、「あとがき」にかえて、岩波新書を中心とし、ほかにも文庫など入手しやすいものに限定して、代表的な資本論研究の視角にふれておくことにしたいと思います。

第一の立場、経済原論研究としての資本論研究にも、いくつかの立場がわかれます。現時点で公平にみて、そのなかでまとまった学統を形成し、もっとも影響力のあったのは、いわゆる宇野学派ということになるでしょう。宇野弘蔵とその弟子たちがかたちづくった流派です。宇野が、はやい時期からもっとも深く『資本論』を読みこんだ先覚者のひとりであったことは、まちがいがないと思います。岩波新書には、

宇野弘蔵『資本論の経済学』(青版七三三、一九六九年)

が入っています。宇野経済学は経済原論、段階論、現状分析を区別する、いわゆる三段階論で知られ、その区分自体が往時の〝科学とイデオロギー〟論争の一方の焦点となっていました。同書の第Ⅲ部でもその問題にふれられているほか、『資本論』の〝経済学〟を、純粋資本主義についての純粋理論として整理しなおそうとする宇野自身のこころみが、一般向けにかんたんに呈示されています。宇野原論そのものについては、とうぜんその『経済原論』が主要著作ということになりますが、かつての岩波全書版(単行本として出された『原論』と区別して、新原論とも呼ばれました)が現在、岩波文庫に収められているほか(二〇一六年刊)、『恐慌論』も岩波文庫で読むことができます(二〇一〇年刊)。

宇野は戦後、東京大学の附置研究所のひとつ、社会科学研究所につとめ、その退官にいたるまで、東大で〝マルクス経済学〟を学んだ学生・院生たちに影響を与えました。経済学部では鈴木鴻一郎が原論を講じ、多くの研究者を育てました。柄谷行人は経済学部の出身で、鈴木の原論を受講しています。『世界史の構造』に先だって出版された岩波新書、

柄谷行人『世界共和国へ――資本＝ネーション＝国家を超えて』（新赤版一〇〇一、二〇〇六年）

は、現在この国でもっとも創造的なマルクス読解のひとつをふくんでいると考えますけれど、その視角の一部には、宇野弘蔵、あるいは宇野学派へと繋がるものがみとめられるように思います。柄谷の歴史観は、交換形態から世界史像を捉えなおそうとする壮大なくわだてですが、そもそも流通論的視角を重視することは、宇野経済原論に発するひとつの傾向です。

第二の形成史的研究についても、経済学史的な視角からするそれが中心となっていることはいなみがたいところでしょう。古典的なところでは、代表的な研究者のひとりは内田義彦で、『資本論』関係については、岩波新書に、

内田義彦『資本論の世界』（青版六一四、一九六六年）

が入っています。これもラジオ放送をもとにした一般向けの啓蒙書ですが、六〇年代から八〇年代にかけてひろく読まれ、版を重ねました。内田自身は経済学史を専門として、スミス研究でも知られる研究者で、その『経済学の生誕』や『経済学史講義』は古典的名著です。

右に挙げた新書で著者が名を挙げて謝辞をしるしているのは、西欧経済史家の大塚久雄で、岩波新書にも、

大塚久雄『社会科学の方法――ヴェーバーとマルクス』（青版六〇七、一九六六年）

があります。大塚自身は無教会派のクリスチャン、ヴェーバー研究者でもありますが、ヴェーバー／マルクス関係というおそらく戦後のこの国の社会科学界に特異な論点をめぐって、その火つけ役のひとりとなりました。そのマルクス理解にはすこしばかり人間主義的なかたむきを感じますが、マルクスにかんして「経済学、正確には経済学批判」という言いまわしが使われているはこびには、一定の見識がみとめられるところです。

一橋大学では戦前の東京商科大学時代から、いわゆる〝近代経済学〟研究の伝統がはやくに根づきました。そうした風土のなか、戦後〝マルクス経済学〟研究者として知られたひとりが佐藤金三郎です。佐藤はアムステルダムの国際社会史研究所で、独自にマルクス／エンゲルスの遺稿調査に当たっています。『「資本論」研究序説』も遺作となってしまいましたが、おなじく歿後に公刊されたものとして、岩波新書では、

佐藤金三郎『マルクス遺稿物語』（新赤版一〇〇、一九八九年）

を読むことができます。『資本論』第二巻、第三巻の編集にかかわるエンゲルスの苦闘のさま、また資本論草稿をめぐる状況を知るうえで、手に取りやすいところでまず読まれてよい一冊です。現在では日本人若手研究者も、いわゆる新MEGA（新版『マルクス／エンゲルス全集』）の編集に協力していますけれども、佐藤の仕事は国際的にも先駆的なものでした。

資本論研究をめぐる第三の視角は哲学的なそれであるとはいえ、そもそも哲学研究者によるマルクス研究自体、すくなくとも戦後のものについては、初期マルクスに偏っているところがあります。かならずしも資本論研究を主題とするものではありませんが、

梅本克己『唯物史観と現代 第二版』(青版八九七、一九七四年)

は、わたくし自身がごく若いときに読み、一定ていど影響を受けた岩波新書の一冊です。疎外論的なマルクス理解の典型とも見られがちな議論の構成ですけれども、現在の眼で読みかえしてみると、フォイエルバッハ/マルクス関係をめぐる捉えかた等にも、再考すべき論点がふくまれているように思います。はた目からは梅本の問題提起をも踏まえて、と見えるのですけれども、欧州の地図からいわゆる社会主義諸国が消滅し、十年ほどが経過して、今世紀のはじめにあらためて一政治学徒が、マルクスのコミュニズムを問いかえす一書を書いています。べつの出版元のシリーズ中の一冊ですが、挙げておきます。

大川正彦『マルクス いま、コミュニズムを生きるとは?』(NHK出版、二〇〇四年)

本書では資本論の哲学が主題ですので、マルクスの未来社会構想には、わずかに終章でふれるに止まりましたが、この欠を補ってくれる、コミューン主義という正面玄関から入り、現代の思考の課題へと繫げた、現時点では最良のマルクス入門書のひとつであると思います。終章でのわたくし自身の議論も、この本からいくつかのヒントを頂戴しております。

戦後を代表するマルクス主義哲学者であった廣松渉については、岩波新書では、

廣松渉『新哲学入門』(新赤版五、一九八八年)

を読むことができます。廣松自身がその完成に心血を注いだのは『存在と意味』ですが、同書が未完におわったという点でいえば、実質的な〝主著〟として残されたのは『世界の共同主観的存在構造』であるかもしれません。昨年(二〇一七年)、岩波文庫にはいりました。廣松渉の資本論研究としては、これもべつの書肆から出ているものですけれども、

廣松渉『資本論の哲学』(平凡社ライブラリー、二〇一〇年)

を挙げておかなければなりません。論じられているのは「価値形態論」「物神性論」「交換過程論」にかぎられますけれども、いわゆる物象化論の立場からするマルクス読解を代表する一書

です。わたくし自身は廣松の教え子というわけではなく、また哲学的にもマルクス研究という面でも後継者を名のる資格はとうていありませんが、それでもマルクスに対する一定の関心を持続させて今日にいたったのは、やはり廣松の学恩に負うものと思っています。――ちなみに本文中でも一度だけ言いおよびましたが、本書に先だって『資本論』の全体を読みとこうとした拙著に『マルクス 資本論の思考』があります。新書という性格もあって、今般は関連文献への言及を控えておりますので、本書における資本論体系理解の背後にある先行業績についてはには同書の本文と注記、ならびにおなじく巻末の「参考文献」をご覧ください。

とくに断ったものをのぞいて、本文でのマルクス／エンゲルスからの引用については、大月書店版の『マルクス＝エンゲルス全集』『資本論草稿集』を主として参照しています。訳文には適宜変更をくわえているほかに、『資本論』についても頁づけを省略しておりますしだいをお断りして、訳者のかたがたにお礼とおわびを申しそえます。

「まえがき」にもしるしましたとおり、本年はマルクスが生まれて二百年目の節目にあたります。昨年はたまたま『資本論』刊行百五十周年にあたっておりまして、わたくし自身は雑誌『現代思想』(六月臨時増刊号)でインタビューを受けました。そのおりにも、編集者に促されて申しましたけれども、旧著『思考』を書きついでおりましたときに、わたくしの脳裏にあったことがらのひとつは、三・一一、ことにフクシマ以後のこの国の情況でもありました。一介の倫理学/哲学史研究者にすぎない身としては、これまで、いわゆるアクチュアルな事象にかんして語ることを——敬愛する年長者、故《こ》神崎繁の言を借りるなら——一種の「断ち物」にしてまいりましたが、本書にはこの年来の禁忌をいくらか犯すところがあるかもしれません。ここではことの経緯についてだけ、ひとこと申しそえておきます。

思えば一二年まえ『西洋哲学史』二冊をひとりで書きおろすという暴挙をあえてこころみたときと同様、本書につきましても、古川義子さんのお世話になりました。「書けたら書きますけど」といった無責任なことばを繰りかえす悪質な著者に、古川さんは怒気をあらわにするでもなく、気長にえがおで付きあってくださいました。しるして感謝いたします。

二〇一八年 端月

熊野純彦

熊野純彦

1958年神奈川県に生まれる
1981年東京大学文学部卒業
専攻―倫理学，哲学史
現在―東京大学教授
著書―『レヴィナス入門』(ちくま新書)『レヴィナス』(岩波書店)『ヘーゲル』(筑摩書房)『カント』(NHK出版)『差異と隔たり』(岩波書店)『戦後思想の一断面』(ナカニシヤ出版)『メルロ＝ポンティ』(NHK出版)『西洋哲学史 古代から中世へ』『西洋哲学史 近代から現代へ』『和辻哲郎』(岩波新書)『埴谷雄高』(講談社)『マルクス 資本論の思考』(せりか書房)『カント 美と倫理とのはざまで』(講談社)ほか
訳書―『全体性と無限』(レヴィナス)『共同存在の現象学』(レーヴィット)『存在と時間』(ハイデガー)『物質と記憶』(ベルクソン，以上4点岩波文庫)『純粋理性批判』『実践理性批判』『判断力批判』(カント，作品社)

マルクス 資本論の哲学　　岩波新書(新赤版)1696

2018年1月19日　第1刷発行
2018年3月26日　第4刷発行

著　者　熊野純彦《くまのすみひこ》

発行者　岡本　厚

発行所　株式会社 岩波書店
〒101-8002 東京都千代田区一ツ橋2-5-5
案内 03-5210-4000　営業部 03-5210-4111
http://www.iwanami.co.jp/

新書編集部 03-5210-4054
http://www.iwanamishinsho.com/

印刷・三秀舎　カバー・半七印刷　製本・牧製本

ISBN 978-4-00-431696-1　　Printed in Japan

岩波新書新赤版一〇〇〇点に際して

ひとつの時代が終わったと言われて久しい。だが、その先にいかなる時代を展望するのか、私たちはその輪郭すら描きえていない。二〇世紀から持ち越した課題の多くは、未だ解決の緒を見つけることのできないままであり、二一世紀が新たに招きよせた問題も少なくない。グローバル資本主義の浸透、憎悪の連鎖、暴力の応酬――世界は混沌として深い不安の只中にある。

現代社会においては変化が常態となり、速さと新しさに絶対的な価値が与えられた。消費社会の深化と情報技術の革命は、種々の境界を無くし、人々の生活やコミュニケーションの様式を根底から変容させてきた。ライフスタイルは多様化し、一面では個人の生き方をそれぞれが選びとる時代が始まっている。同時に、新たな格差が生まれ、様々な次元での亀裂や分断が深まっている。社会や歴史に対する意識が揺らぎ、普遍的な理念に対する根本的な懐疑や、現実を変えることへの無力感がひそかに根を張りつつある。そして生きることに誰もが困難を覚える時代が到来している。

しかし、日常生活のそれぞれの場で、自由と民主主義を獲得し実践することを通じて、私たち自身がそうした閉塞を乗り超え、希望の時代の幕開けを告げてゆくことは不可能ではあるまい。そのために、いま求められていること――それは、個と個の間で開かれた対話を積み重ねながら、人間らしく生きることの条件について一人ひとりが粘り強く思考することではないか。その営みの糧となるものが、教養に外ならないと私たちは考える。歴史とは何か、よく生きるとはいかなることか、世界そして人間はどこへ向かうべきなのか――こうした根源的な問いとの格闘が、文化と知の厚みを作り出し、個人と社会を支える基盤としての教養となった。まさにそのような教養への道案内こそ、岩波新書が創刊以来、追求してきたことである。

岩波新書は、日中戦争下の一九三八年一一月に赤版として創刊された。創刊の辞は、道義の精神に則らない日本の行動を憂慮し、批判的精神と良心的行動の欠如を戒めつつ、現代人の現代的教養を刊行の目的とする、と謳っている。以後、青版、黄版、新赤版と装いを改めながら、合計二五〇〇点余りを世に問うてきた。そして、いままた新赤版が一〇〇〇点を迎えたのを機に、人間の理性と良心への信頼を再確認し、それに裏打ちされた文化を培っていく決意を込めて、新しい装丁のもとに再出発したいと思う。一冊一冊から吹き出す新風が一人でも多くの読者の許に届くこと、そして希望ある時代への想像力を豊かにかき立てることを切に願う。

（二〇〇六年四月）

岩波新書より

政治

日中漂流	毛里和子
共生保障〈支え合い〉の戦略	宮本太郎
シルバー・デモクラシー 戦後世代の覚悟と責任	寺島実郎
憲法と政治	青井未帆
18歳からの民主主義	岩波新書編集部編
検証 安倍イズム	柿崎明二
右傾化する日本政治	中野晃一
外交ドキュメント 歴史認識	服部龍二
日米〈核〉同盟 原爆、核の傘、フクシマ	太田昌克
集団的自衛権と安全保障	豊下楢彦 古関彰一
日本は戦争をするのか	半田滋
アジア力の世紀	進藤榮一
民族紛争	月村太郎
自治体のエネルギー戦略	大野輝之
政治的思考	杉田敦
現代日本の政党デモクラシー	中北浩爾
サイバー時代の戦争	谷口長世
現代中国の政治	唐亮
日本の国会	大山礼子
戦後政治史〔第三版〕	石川真澄 山口二郎
〈私〉時代のデモクラシー	宇野重規
大臣〔増補版〕	菅直人
生活保障 排除しない社会へ	宮本太郎
「ふるさと」の発想	西川一誠
政治の精神	佐々木毅
「戦地」派遣 変わる自衛隊	半田滋
民族とネイション	塩川伸明
昭和天皇	原武史
集団的自衛権とは何か	豊下楢彦
沖縄密約	西山太吉
ルポ 改憲潮流	斎藤貴男
吉田茂	原彬久
戦後政治の崩壊	山口二郎
市民の政治学	篠原一
東京都政	佐々木信夫
有事法制批判	憲法再生フォーラム編
日本政治 再生の条件	山口二郎編著
安保条約の成立	豊下楢彦
岸信介	原彬久
自由主義の再検討	藤原保信
海を渡る自衛隊	佐々木芳隆
一九六〇年五月一九日	日高六郎編
日本の政治風土	篠原一
近代の政治思想	福田歓一

岩波新書より

法律

裁判の非情と人情　原田國男
憲法改正とは何だろうか　高見勝利
独占禁止法〔新版〕　村上政博
密着 最高裁のしごと　川名壮志
「法の支配」とは何か 行政法入門　大浜啓吉
会社法入門〔新版〕　神田秀樹
憲法への招待〔新版〕　渋谷秀樹
比較のなかの改憲論　辻村みよ子
大災害と法　津久井進
変革期の地方自治法　兼子仁
原発訴訟　海渡雄一
民法改正を考える　大村敦志
労働法入門　水町勇一郎
人が人を裁くということ　小坂井敏晶
知的財産法入門　小泉直樹
消費者の権利〔新版〕　正田彬
司法官僚 裁判所の権力者たち　新藤宗幸

名誉毀損　山田隆司
刑法入門　山口厚
家族と法　二宮周平
憲法とは何か　長谷部恭男
良心の自由と子どもたち　西原博史
著作権の考え方　岡本薫
裁判官はなぜ誤るのか　秋山賢三
法とは何か〔新版〕　渡辺洋三
民法のすすめ　星野英一
日本社会と法　渡辺洋三・甲斐道太郎・広渡清吾・小森田秋夫 編
日本の憲法〔第三版〕　長谷川正安
憲法と天皇制　横田耕一
自由と国家　樋口陽一
納税者の権利　北野弘久
小繋事件　戒能通孝
日本人の法意識　川島武宜

カラー版

カラー版 国芳　岩切友里子
カラー版 知床・北方四島　大泰司紀之・本間浩昭
カラー版 西洋陶磁入門　大平雅巳
カラー版 すばる望遠鏡の宇宙　海部宣男・宮下曉彦 写真
カラー版 ブッダの旅　丸山勇
カラー版 ベトナム 戦争と平和　石川文洋
カラー版 難民キャンプの子どもたち　田沼武能
カラー版 細胞紳士録　藤田恒夫・牛木辰男
カラー版 メッカ　野町和嘉
カラー版 シベリア動物誌　福田俊司
カラー版 ハッブル望遠鏡が見た宇宙　野本陽代・R・ウィリアムズ
カラー版 妖怪画談　水木しげる

(2017.8)　(BT)

経済

偽りの経済政策　服部茂幸
ミクロ経済学入門の入門　坂井豊貴
経済学のすすめ　佐和隆光
ガルブレイス　伊東光晴
ユーロ危機とギリシャ反乱　田中素香
ポスト資本主義 科学・人間・社会の未来　広井良典
日本の納税者　三木義一
タックス・イーター　志賀櫻
コーポレート・ガバナンス　花崎正晴
グローバル経済史入門　杉山伸也
アベノミクスの終焉　服部茂幸
新・世界経済入門　西川潤
金融政策入門　湯本雅士
日本経済図説〔第四版〕　宮崎勇・本庄真・田谷禎三
新自由主義の帰結　服部茂幸
タックス・ヘイブン　志賀櫻

WTO 貿易自由化を超えて　中川淳司
日本財政 転換の指針　井手英策
日本の税金〔新版〕　三木義一
世界経済図説〔第三版〕　宮崎勇・田谷禎三
成熟社会の経済学　小野善康
平成不況の本質　大瀧雅之
原発のコスト　大島堅一
次世代インターネットの経済学　依田高典
ユーロ 危機の中の統一通貨　田中素香
低炭素経済への道　諸富徹・浅岡美恵
「分かち合い」の経済学　神野直彦
グリーン資本主義　佐和隆光
消費税をどうするか　小此木潔
国際金融入門〔新版〕　岩田規久男
金融商品とどうつき合うか　新保恵志
金融NPO　藤井良広
地域再生の条件　本間義人

経済データの読み方〔新版〕　鈴木正俊
格差社会 何が問題なのか　橘木俊詔
景気とは何だろうか　山家悠紀夫
環境再生と日本経済　三橋規宏
人民元・ドル・円　田村秀男
社会的共通資本　宇沢弘文
景気と国際金融　小野善康
経営革命の構造　米倉誠一郎
ブランド 価値の創造　石井淳蔵
景気と経済政策　小野善康
アメリカの通商政策　佐々木隆雄
戦後の日本経済　橋本寿朗
共生の大地 新しい経済がはじまる　内橋克人
思想としての近代経済学　森嶋通夫
シュンペーター　伊東光晴・根井雅弘
経済学の考え方　宇沢弘文
経済学とは何だろうか　佐和隆光
ケインズ　伊東光晴

岩波新書より

社会

岩波新書より

(2017.8)　(D2)

岩波新書より

若者の法則	香山リカ
少年犯罪と向きあう	石井小夜子
自白の心理学	浜田寿美男
原発事故はなぜくりかえすのか	高木仁三郎
日本の近代化遺産	伊東　孝
証言　水俣病	栗原　彬編
コンクリートが危ない	小林一輔
東京国税局査察部	立石勝規
バリアフリーをつくる	光野有次
ドキュメント屠場	鎌田　慧
能力主義と企業社会	熊沢　誠
現代社会の理論	見田宗介
原発事故を問う	七沢　潔
災害救援	野田正彰
命こそ宝　沖縄反戦の心	阿波根昌鴻
スパイの世界	中薗英助
「成田」とは何か	宇沢弘文
都市開発を考える	大野輝之　レイコ・ハベ・エバンス
ディズニーランドという聖地	能登路雅子
原発はなぜ危険か	田中三彦
豊かさとは何か	暉峻淑子
農の情景	杉浦明平
光に向って咲け	粟津キヨ
異邦人は君ヶ代丸に乗って	金　賛汀
読書と社会科学	内田義彦
ああダンプ街道	佐久間充
科学文明に未来はあるか	野坂昭如編著
働くことの意味	清水正徳
原爆に夫を奪われて	神田三亀男編
プルトニウムの恐怖	高木仁三郎
住宅貧乏物語	早川和男
食品を見わける	磯部晶策
社会科学における人間	大塚久雄
沖縄ノート	大江健三郎
追われゆく坑夫たち	上野英信
この世界の片隅で	山代　巴編
音から隔てられて	入谷仙介　林瓢介編
ものいわぬ農民	大牟羅良
世直しの倫理と論理（下）	小田　実
死の灰と闘う科学者	三宅泰雄
米軍と農民	阿波根昌鴻
暗い谷間の労働運動	大河内一男
ユダヤ人	J-P・サルトル　安堂信也訳
社会認識の歩み	内田義彦
社会科学の方法	大塚久雄
自動車の社会的費用	宇沢弘文

岩波新書より

現代世界

- 習近平の中国 百年の夢と現実　林望
- 中国のフロンティア　川島真
- シリア情勢　青山弘之
- ルポ トランプ王国　金成隆一
- ルポ 難民追跡 バルカンルートを行く　坂口裕彦
- アメリカ政治の壁　渡辺将人
- プーチンとG8の終焉　佐藤親賢
- 香港 中国と向き合う自由都市　倉田徹・張イクマン
- 〈文化〉を捉え直す　渡辺靖
- イスラーム圏で働く　桜井啓子編
- 中南海 知られざる中国の中枢　稲垣清
- フォト・ドキュメンタリー 人間の尊厳　林典子
- ㈱貧困大国アメリカ　堤未果
- 女たちの韓流　山下英愛
- 新・現代アフリカ入門　勝俣誠
- 中国の市民社会　李妍焱
- 勝てないアメリカ　大治朋子
- ブラジル 跳躍の軌跡　堀坂浩太郎
- 非アメリカを生きる　室謙二
- ネット大国中国　遠藤誉
- 中国は、いま　国分良成編
- ジプシーを訪ねて　関口義人
- 中国エネルギー事情　郭四志
- アメリカン・デモクラシーの逆説　渡辺靖
- ユーラシア胎動　堀江則雄
- オバマ演説集　三浦俊章編訳
- ルポ 貧困大国アメリカII　堤未果
- オバマは何を変えるか　砂田一郎
- タイ 中進国の模索　末廣昭
- 平和構築　東大作
- イスラエル　臼杵陽
- ドキュメント アメリカの金権政治　軽部謙介
- ネイティブ・アメリカン　鎌田遵
- アフリカ・レポート　松本仁一
- ヴェトナム新時代　坪井善明
- イラクは食べる　酒井啓子
- ルポ 貧困大国アメリカ　堤未果
- エビと日本人II　村井吉敬
- 北朝鮮は、いま　北朝鮮研究学会編 石坂浩一監訳
- 欧州連合 統治の論理とゆくえ　庄司克宏
- バチカン　郷富佐子
- 国際連合 軌跡と展望　明石康
- アメリカよ、美しく年をとれ　猿谷要
- 日中関係 戦後から新時代へ　毛里和子
- いま平和とは　最上敏樹
- 「民族浄化」を裁く　多谷千香子
- サウジアラビア　保坂修司
- 中国激流 13億のゆくえ　興梠一郎
- 多民族国家 中国　王柯
- 国連とアメリカ　最上敏樹
- 東アジア共同体　谷口誠

岩波新書/最新刊から